Nikolaus Nützel
Ihr schafft mich!

Nikolaus Nützel

Ihr schafft mich!

Wie andere dein Leben bestimmen.

UND WIE DU DEIN LEBEN SELBST BESTIMMEN KANNST

Mit Cartoons von Rattelschneck

cbj ist der Kinder- und Jugendbuchverlag
in der Verlagsgruppe Random House

Verlagsgruppe Random House FSC-DEU-0100
Das für dieses Buch verwendete
FSC®-zertifizierte Papier *UPM Fine*
liefert Kymmene, Augsburg.

Gesetzt nach den Regeln der Rechtschreibreform
1. Auflage 2013
© 2013 cbj, München
Alle Rechte vorbehalten
Lektorat: Uwe-Michael Gutzschhahn
Einbandgestaltung: init.büro für gestaltung, Bielefeld
unter Verwendung einer Zeichnung von Rattelschneck
Innenillustrationen: Rattelschneck
AW · Herstellung: hag
Satz: KompetenzCenter, Mönchengladbach
Druck: GGP Media GmbH, Pößneck
ISBN 978-3-570-13847-2
Printed in Germany

www.cbj-verlag.de

So. Jetzt geht's los. Und in etwa 200 Seiten hört es wieder auf. Und zwischendrin kommt immer mal wieder ein Wort vor: »**WARUM?**« *Aber warum?*

In diesem Buch geht es also um Fragen. Zum Beispiel um die Frage:

WARUM *(UM HIMMELS WILLEN!)* HAT JANA ROTE AUGEN?

Schließlich ist Jana *kein weißes Kaninchen* (die ja bekanntlich öfter mal rote Augen haben), sondern eine junge Frau aus einer mittelgroßen Stadt in Westdeutschland. **Warum** also hat Jana **rote Augen,** als wir sie auf der Frankfurter Buchmesse treffen?

(Die einfache Antwort lautet: Jana ist Cosplayerin. Und die machen das halt manchmal so. Und wer nicht weiß, was Cosplay ist, der kann ja, wenn er mag, bei Wikipedia oder sonst wo nachschauen.)

ALSO: FRAGE BEANTWORTET. BUCH FERTIG. UFF.

Der Autor ist zufrieden, weil er **DAS KÜRZESTE BUCH ALLER ZEITEN** geschrieben hat. Der Leser ist zufrieden, weil er **in Rekordzeit** ein Buch gelesen hat. Also Schluss. **Buch zuklappen, wegstellen.** Alle zufrieden.

Der Leser kann das jetzt machen. (GLÜCKWUNSCH!) Der Autor leider nicht.

Der muss noch ein paar Seiten schreiben. Denn sonst wird der Verlag sagen:

EIN BUCH HAT MEHR ALS NUR EINE SEITE!

Um genau zu sein: Ein Buch hat mindestens **49 SEITEN.**
(So heißt es bei Wikipedia, die das wiederum von der Bildungsorganisation der Vereinten Nationen hat. Also muss es ja stimmen. Auch wenn man sich fragt, wie das geht, wo doch ein Blatt eines Buches immer zwei Seiten hat.) Aber warum verlangen die Vereinten Nationen 49 Seiten? Und nicht 59? Gegenfrage:

WARUM NICHT?

TATSACHE IST: Wenn man darüber reden will, was ein Buch ist, braucht man Regeln. **Normen.** Eben beispielsweise Normen, die festlegen, was ein Buch ist. Normen, die festlegen, was in einem Buch stehen soll und was besser verboten gehört.

SPIESSIGER QUATSCH?

Möglich. Aber der Autor kann ja mal was drüber schreiben. Und der Leser (oder auch die Leserin) kann ja mal drüber nachdenken.

NACHDENKEN ALSO. Zum Beispiel über die Frage: *Warum* hat denn nun Jana rote Augen, in Frankfurt, auf der Buchmesse? Warum hat Jana **KEINE ROTEN AUGEN,** **wenn sie durch die Stadt läuft, in der sie wohnt?** Warum hat sie **keine roten Augen,** wenn sie **TANZEN** geht? Warum geht Jana im August, bei 32 Grad, nicht im Bikini zum Einkaufen? Und auch NICHT <u>**NACKT**</u>? Warum trägt Jana KEIN <u>**KOPFTUCH**</u>, Ipek aber schon? **Warum ist JANA (als sie noch zur Schule ging) zur Schule gegangen,** obwohl sie regelmäßig überhaupt *keine Lust* dazu hatte?

Warum glaubt Ipek an **GOtt**?

Warum glaubt Jana **nicht an GOtt**? **ODER** zumindest irgendwie nicht so richtig. **ODER** vielleicht doch. **ODER** zumindest irgendwie manchmal *irgendwas mit Buddhismus*.

(Und überhaupt: Warum hat der Autor gerade eben die beiden ersten Buchstaben bei

» **GOtt** « *groß geschrieben?)*

Und wie schafft es der **AUTOR**, neben all diesen Sachen auch noch Themen wie *Gerechtigkeit*, **POLITIK-VERDROSSENHEIT**, aber auch Masturbation

in diesem Buch unterzubringen? Wie macht er das, der Autor?

UND WARUM?

Jetzt ist aber erst mal Schluss mit der **FRAGEREI**. Denn wie es sich für ein *ordentliches Buch* gehört, hört der **ANFANGSTEIL** auch mal wieder auf.

Noch ein Hinweis für alle, die über ein Buch nicht nur sagen:

»JA, DAS IST EIN BUCH«

*– sondern es in irgendein **Fach packen** MÜSSEN.*

Erste Hilfestellung beim Einordnen:

DIES IST EIN SACHBUCH.

Zweite Hilfestellung:

ES IST EIN SACHBUCH MIT ZIELGRUPPE JUGENDLICHE UND AUCH ERWACHSENE, ALSO EIN JUGENDSACHBUCH ODER EIN ALL-AGE-TITEL.

Dritte Hilfestellung:

ES IST <u>KEIN</u> SACHBUCH ÜBER TIERE, DEN ERSTEN KUSS ODER DIE ALTEN RÖMER.

Es geht am ehesten um Themen aus so etwas Ähnlichem wie Politik. Ein Regal mit der Aufschrift »Soziologie für im Geiste junge Leser« wird es in der Buchhandlung nicht geben, da würde dieses Buch aber vielleicht auch hinpassen. Hoffentlich genügt dieser Hinweis, damit sich ein Platz in den – natürlich irgendwie genormten – Buchregalen oder Internetportal-Ablagen findet. Und wenn nicht, dann hat der Autor Pech gehabt. **SEUFZ.**

Inhalt:

Kapitel Eins

Das Leben ist kein Cosplay, Schätzchen.

**Warum wir das anziehen, was wir anziehen.
Und was das mit Normen zu tun hat, mit der Gesellschaft,
und dem ganzen Rest, der das Leben ausmacht.**

Wir treffen Jana auf der Frankfurter Buchmesse. Die 19-Jährige sieht ziemlich gut aus, wenn im Innenhof des Messegeländes die Herbstsonne in ihre roten Augen leuchtet und auf die glatten pechschwarzen Haare, die ihr bis zur Hüfte reichen. Auch die weiße Satinjacke, auf deren Armen sich schwarze Drachen zu Janas Schultern winden, steht ihr hervorragend. Ebenso wie der graue Rock und die schwarzen Handschuhe, die ihr Outfit abrunden.

Aber wie war das? *Rote Augen?* In der Tat, Jana hat sich rote Kontaktlinsen auf die Augäpfel gepfriemelt. Denn sie ist heute nicht eine junge Frau aus einer mittelgroßen Stadt in Nordrhein-Westfalen. Heute ist sie Yuko Ichihara. Oder besser gesagt: Sie trägt ein *Kostüm*, das der Manga-Figur Yuko Ichihara entspricht, und sie *spielt* heute die »Hexe der Dimensionen«. Denn Jana ist Cosplayerin.

Nun könnte man es damit bewenden lassen, dass man sagt: Na ja, das *Costume play* oder *Cosplay*, bei dem vornehmlich junge

Leute sich nach dem Vorbild japanischer Manga-Figuren kleiden, ist eines von vielen Hobbys, die Menschen halt so pflegen. Doch wenn man ein bisschen über Jana und das Cosplay nachdenkt, kann sich eine ganze Reihe interessanter Gedanken auftun. Und wenn man die nacheinander durchgeht, kann man ein paar erstaunliche Einsichten über nichts Geringeres gewinnen als: *das Leben*. (Auch *dein* Leben, liebe Leserin und lieber Leser!)

Die Regeln des Spiels

Die Frage nach dem »*Warum?*« ist in vielen Fällen nicht so ganz einfach zu beantworten. Fangen wir also lieber mit der Frage an: »*Was?*« Genauer: Was macht Jana da eigentlich? Die erste Antwort darauf lautet: Sie *spielt*. Es hat ja seinen Grund, dass es Cos*play* heißt, was sie auf der Frankfurter Buchmesse, bei der Leipziger Buchmesse und bei anderen Gelegenheiten immer wieder unternimmt. Und zum Spiel gehören – das weiß tatsächlich jedes Kind – Regeln.

Cosplayer setzen also erst einmal die Regeln darüber, was normale Leute anziehen, komplett außer Kraft. Sie verstoßen fernab jeder Karnevals- oder Faschingszeit gegen verschiedenste *Normen*, was man üblicherweise zu tragen hat. Dieser Verstoß gegen die gängigen Kleider-Regeln folgt aber selbst strengen Regeln. Und das ist ja schon einmal durchaus bemerkenswert.

Eine Regel: Die Figuren, die Cosplayer mit ihren Kostümen nachempfinden, stammen nicht aus irgendwelchen Comics oder Fernsehserien. Cosplay bedient sich in allererster Linie bei japani-

MUSS MAN SICH VOR IN ACHT NEHMEN:

WOLF IM SCHAFSPELZ

RIECHT EINFACH NICHT SO TOLL:

GEIER IM AASPELZ

schen Mangas oder Animes. Mit dem Rest dürfen sich Trekkies oder Karnevalsvereine beschäftigen.

Noch eine Regel: Die Kostüme sollen idealerweise selbst genäht und zusammengesetzt sein. Cosplay ist nichts Kommerzielles.

Und noch eine Regel: Cosplay alleine oder zu zweit geht nicht. Man tritt in Rudeln auf. Gegen die Kleiderregeln der Gesellschaft zu verstoßen, gilt nur dann als gute Idee, wenn man eine einigermaßen große Gruppe bildet, die nach ihren eigenen Regeln gegen die Regeln der anderen verstößt.

Für Jana heißt das: Wenn sie sich mit ihren roten Augen, den hüftlangen Kunsthaaren und dem restlichen Manga-Dress ganz allein an einem sonnigen Oktobertag in Frankfurt auf eine Parkbank setzen würde, dann würden Passanten entweder denken: Merkwürdig ... Oder sie würden denken: Die hat wohl nicht alle Latten am Zaun.

Im Innenhof des Frankfurter Messegeländes aber bildet Jana gemeinsam mit Hunderten weiterer Cosplayer eine eigene Gemeinschaft. Die anderen Messebesucher in Anzug, Rock oder auch Jeans finden es zwar verwunderlich, was die jungen Leute da veranstalten; die meisten verstehen beim besten Willen nicht, was da abläuft. Doch weil es so viele merkwürdige junge Leute sind, denken sich die anderen: Die werden schon ihren Grund haben.

Regeln beruhigen

Weil die Cosplayer offensichtlich gewissen Regeln folgen, haben die Messebesucher zu keinem Zeitpunkt den beunruhigenden

Gedanken, dass da eine Horde von Verrückten ins Ausstellungs-
gelände eingedrungen sei. Wahnsinnige, die möglicherweise *alle*
geltenden Regeln übers menschliche Zusammenleben außer Kraft
setzen und vielleicht als Nächstes Samurai-Schwerter zücken und
wild um sich schlagen. Was die Messebesucher sehen, sind junge
Leute, die etwas machen, was man zwar auf den ersten Blick nicht
versteht – was aber in berechenbaren Bahnen verläuft.

Daraus kann man schon einmal einen ebenso einfachen wie
weitreichenden Schluss ziehen: Eine Norm – oder auch eine
Regel – entsteht dadurch, dass Menschen gemeinsam dieser Norm
folgen. Jana geht nie allein als Yuko Ichihara auf die Straße. Sie
würde das Dimensions-Hexen-Kostüm auch nicht anziehen,
wenn sie tanzen geht. Und schon gar nicht, wenn sie sich auf den
Weg in das Büro macht, in dem sie arbeitet. Sie ist ja nicht verrückt. Sie befolgt genaue Regeln. Es gibt bestimmte Tage und Orte,
an denen Cosplay angesagt ist. Und Cosplay ist nur dann Cosplay, wenn eine ausreichend große Gruppe die Sache gemeinsam
angeht.

Zwischen Normalität und Wahnsinn

Wenn jemand ganz allein gegen bestimmte Regeln verstößt, dann
gilt er als skurril, im Zweifelsfall sogar als verrückt. (Mehr über
die Grenze zwischen Normalität und Wahnsinn im Kapitel 19.)
Als skurril zu gelten, kann eine Zeit lang ganz unterhaltsam sein.
Als verrückt zu gelten, macht aber auf Dauer kaum jemandem
wirklich Spaß. Mensch sein heißt, in Gesellschaft leben wollen.

FAST ALLE MENSCHEN SIND NICHT DAS, WAS SIE EIGENTLICH GERNE WÄREN. DU DARFST DIR WAS WÜNSCHEN.
ICH WÄRE GERNE ALLEIN.
OK
ZISCH

Wer als verrückt gilt, ist schnell komplett draußen aus der Gesellschaft. Und das tut weh.

Wenn aber mehrere Leute gemeinsam auf die einigermaßen gleiche Weise gegen Regeln verstoßen, schaffen sie damit ihre eigenen Regeln. Manche halten dann zwar die ganze Gruppe für einen Trupp von Irren. Doch die Gruppe versichert sich gegenseitig: Wir sind nicht irre. Wir sind anders. Aber gemeinsam anders. Und *unter uns* sind wir ja gar nicht anders, sondern gleich. Das kann mit der Kleidung anfangen – und sich aufs gesamte Leben ausdehnen.

Kapitel Zwei

Wir sind alle völlig verschieden!
Ich nicht.

Was das Äußere mit mir zu tun hat. Was Nacktsein mit Normen zu tun hat. Wie sich Normen ändern. Und was das alles mit Autonomie zu tun hat.

Wir sehen es an Jana und ihrer Verkleidung als Hexe der Dimensionen: Cosplayer sind nur Cosplayer, wenn sie nicht allein sind. Nur dann gelten sie nicht als Spinner. Auch der 50-jährige Bankberater, der von Montag bis Freitag im Anzug herumläuft, ist nicht verrückt. Deshalb legt er diesen Anzug lieber ab, wenn er seine 16-jährige Tochter zum Revival-Konzert von *Take That* oder seinen 15-jährigen Sohn zu einem Konzert der Alt-Punkrocker von *Greenday* begleitet. Sakko und Krawatte auf dem *Boulevard of broken dreams?* Geht gar nicht.

Wenn es dem Banker aber eines Tages gelingt, auch seinen Sohn zu überreden, dass er sich um eine Banklehre bewirbt, dann wird der 50-Jährige dem jungen Mann wiederum raten, auf dem Bewerbungsfoto das Augenbrauen-Piercing herauszunehmen. Und aufs Färben der Haare vorher zu verzichten.

Was die richtige Kleidung ist, hängt also von der Situation ab. Das kann so weit gehen, dass die richtige Kleidung gar keine Kleidung ist. Am Nacktbadestrand macht sich derjenige verdächtig, der etwas anhat, während alle anderen unbekleidet durch die Gegend laufen. Denn bei dem Nacktheits-Verweigerer liegt die Vermutung nahe, er könnte ein Spanner sein, der selbst nichts zeigen will. Auch Nacktsein kann also zur Kleidernorm werden. Und sogar mit der Norm des Nacktseins kann eines geschehen, was bei Normen gern mal passiert: Sie ändern sich. Und zwar rasant.

Nackt oder nicht nackt, das ist hier die Frage.

Ein Beispiel dafür ist Bayerns Landeshauptstadt München. Zu seinen Touristenattraktionen zählen nicht nur das Hofbräuhaus oder das Olympiastadion. Sondern auch die *Nackerten*. Sie gehören seit vielen Jahren zum größten Park der bayerischen Landeshauptstadt wie Weißbier und plätschernde Bachläufe. An diesen Freundinnen und Freunden der unbedeckten Haut lässt sich eines schön studieren: wie zügig sich das Verhalten von Menschen wandeln kann. Vor 50 Jahren wäre es auch in München undenkbar gewesen, dass massenhaft Menschen in aller Öffentlichkeit ihre Kleidung abstreifen. Dann kam die berühmt-berüchtigte 68er-Zeit. Freiheit hieß mit einem Mal auch: Freiheit vom Zwang, bekleidet zu sein.

Ziemlich schnell tummelten sich so viele nackte Männer und Frauen im Englischen Garten, dass die Behörden die Sache gar nicht mehr in den Griff bekommen hätten – wenn sie es denn versucht hätten. Münchens *Nackerte* wurden aber bald auch eine Tou-

ristenattraktion. Und solche Attraktionen sind wertvoll. Besonders
wertvoll waren die *Nackerten*, weil anfangs auch viele junge Leute
dabei waren. Mancher bekleidete Besucher des Englischen Gartens schaute sich ganz gern mal an, wie da 18- oder 20-jährige
Frauen und Männer unbekleidet herumlagen oder vielleicht
Federball oder Frisbee spielten. Das hat was, dachte sich der eine
oder andere, der selbst nie die Kleider ablegen würde.

Allerdings hat die Sache irgendwann ihren Höhepunkt über-
schritten. Seitdem geht es bergab mit dem *Nackertsein* als Lebensgefühl. Schon im Jahr 2002 konnte man lesen, dass der Parkdirektor des Englischen Gartens in großer Sorge war. Denn die Zahl der
Nackerten war schon zu diesem Zeitpunkt um gut 90 Prozent ab-
gesackt, hatte er ausgerechnet. Gerade die jungen Leute seien

nicht mehr bereit, sich auszuziehen, beklagte der Parkdirektor. Es gibt zwar keine aktuellen Nackten-Zählungen in München. Aber man darf vermuten, der Trend hat sich weiter fortgesetzt. Und wenn sich heute jemand im Englischen Garten nackt in die Sonne legt, dann sind es eher die 70-Jährigen als die 17-Jährigen. Von denen, die 1968 jung und nackt waren, sind auch heute noch einige nackt. Aber jung sind sie nicht mehr.

Ähnliches gilt für die einst große und selbstbewusste Nackt-Freizeitbewegung in Ostdeutschland. Sicher gibt es auch heute noch in Mecklenburg oder Brandenburg große Reservate für die Freunde der Freikörperkultur. Aber es ist kein Vergleich mehr zu den 70er- oder 80er-Jahren. Es kann also kein Zweifel bestehen: Wer sich in der Öffentlichkeit auszieht, sollte vorher ganz genau nachsehen, ob er gerade an einem Ort ist, wo das in Ordnung geht – in den letzten *Nackerten*-Gebieten des Englischen Gartens in München zum Beispiel. Ansonsten gilt: Wer nackt herumläuft, könnte Schwierigkeiten bekommen. Wobei sich die Frage stellt: Ist das eigentlich immer so? Und warum ist das so?

Wann geht oben ohne – wann geht sogar unten ohne?

Ein Blick ins Internet muss nicht immer lehrreich sein, manchmal ist er es aber durchaus. Zum Thema »nackt sein in der Öffentlichkeit« kann man in den gängigen Foren Fragen wie diese finden:

Darf man nackt Auto fahren?
Darf ich jemandem die Haustür öffnen, wenn ich nackt bin?

Darf man nackt im Garten herumlaufen?
Darf man eigentlich nackt in der Öffentlichkeit spazieren?

Zunächst einmal klingen solche Fragen erstaunlich. Bei etwas Nachdenken klingen sie dann allerdings nicht mehr so erstaunlich. Vielmehr kommt man bald zu dem Ergebnis: Gute Frage, eigentlich. Auf die Frage, ob man nackt in der Öffentlichkeit spazieren darf, wird zwar jeder sofort antworten: »Natürlich nicht!« Bei der Frage, ob man nackt im eigenen Garten sein darf, wird die Antwort schon schwieriger. Und vor allem stellt sich irgendwann die Frage: *Warum* darf man eigentlich nicht nackt spazieren gehen?

Die Antwort lautet: Es gibt den Paragraphen 183 im Strafgesetzbuch, der Männern »exhibitionistische Handlungen« verbietet. Daneben gibt es eine Vorschrift im Ordnungswidrigkeitengesetz, die die »Belästigung der Allgemeinheit« verbietet. Das Wort »nackt« oder »unbekleidet« taucht in diesen Regelwerken zwar nicht auf. Aber wer nackt in der Gegend herumspaziert und deswegen später Post von der Staatsanwaltschaft bekommt, der wird wahrscheinlich auf eine dieser Vorschriften hingewiesen werden. Denn nackt in der Gegend herumzulaufen, gilt in den meisten Teilen der Welt – so auch in Deutschland – als Belästigung anderer.

Das Strafgesetzbuch ist aber an manchen Stellen etwas deutlicher, wenn es um Dinge geht, die – zumindest indirekt – etwas mit Nacktheit zu tun haben. Im Paragraphen 183a heißt es: »*Wer öffentlich sexuelle Handlungen vornimmt und dadurch absichtlich oder wissentlich ein Ärgernis erregt, wird mit Freiheitsstrafe bis zu einem Jahr oder mit Geldstrafe bestraft.*« Auf die Frage, »Why don't we do it in the road?«, die sich die *Beatles* schon im Jahr 1968 in dem gleichnamigen Song stellten, gibt es also eine klare Antwort: Weil es verboten ist.

Auf die Frage, warum man nicht öffentlich nackt herumlaufen oder gar sich lieben sollte, gibt es somit zwei einfache Antworten. Erstens: So etwas gehört sich nicht. Und zweitens: Weil es sich nicht gehört, ist es auch verboten. Auf die Frage, *warum* sich *so etwas nicht gehört*, liegt eine Antwort nahe. In der Sexualität steckt so viel Energie, dass die Menschen diese Energie augenscheinlich bändigen wollen. Deshalb stellen sie gesellschaftliche Normen darüber auf, wie mit dieser Energie umzugehen ist. Zu diesen Normen gehört: *Das Eine* tut man nicht, wenn jemand zusehen kann. Und man läuft nicht ohne Kleidung durch die Gegend. Denn dann sind ja die Teile des Körpers sichtbar, die bei *dem Einen* zum Einsatz kommen.

Finger weg von dem da unten

Erwachsene und Jugendliche wissen das. Im Schwimmbad nackt zum Eisverkäufer schlendern? Undenkbar! Kinder allerdings wissen das noch nicht. Das acht oder neun Monate alte Krabbelkind wird von seinen Eltern noch nackt an den Sandstrand oder auch auf den Rasen des Freibades gesetzt. Das ist für dieses Kind dann das Normale. Irgendwann ab einem gewissen Alter bekommt dieses Kind dann von seinen Eltern eine Badehose angezogen. Damit lernt es: »Das macht man so.« Und bald schon hat das Kind eine Regel fest in sein Inneres aufgenommen: »In der Öffentlichkeit

PIRANHAS!
WENN ICH JETZT NICHT SPRINGE, VERLIERE ICH DAS GESICHT. WENN DOCH, WAHRSCHEINLICH AUCH.

sind größere Kinder nicht nackt. Und Erwachsene schon gar nicht.« Auf Fachdeutsch: Das Kind hat diese Norm *internalisiert*. Man muss einem Achtjährigen nicht mehr sagen, dass er nicht nackt durchs Schwimmbad springen soll. Das würde er ganz von selbst nicht tun. Denn es wäre ihm unglaublich peinlich.

Dieser Achtjährige hätte eine Sorte von Gefühl, die sehr kleine Kinder noch nicht kennen: das *Schamgefühl*. Es kann ein ausgesprochen mächtiges Gefühl sein. Manche Wissenschaftler sind der Ansicht, dass die Menschen in bestimmten Gesellschaften, vor allem in Asien, so sehr von diesem Gefühl gelenkt werden, dass man von ganzen *Schamgesellschaften* reden könne. Die Sorge, etwas zu tun, wofür man sich schämen muss, die Sorge, *sein Gesicht zu verlieren*, lenkt das Verhalten dieser Menschen vom Aufwachen bis zum Einschlafen.

Deutschland und andere europäische Länder gehören nicht zu diesen Schamgesellschaften. Wie Schamgefühl entsteht, weiß aber jeder auf der ganzen Welt aus eigener Erfahrung. Wenn ein Dreijähriger öffentlich an seinem Geschlechtsteil herumspielt, werden die Erwachsenen noch kichern. Aber schon bald werden sie ihm sagen, dass er das mal sein lassen soll. Und auch durch das Kichern wird er merken, dass dieses Verhalten gegen bestimmte Regeln verstößt. Also lässt er es irgendwann sein. Selbst wenn es sich vielleicht ganz angenehm angefühlt hat.

Das Gleiche gilt, wenn eine junge Frau stets Kleidungsstücke trägt, von denen sie findet, dass sie der jeweiligen Situation angemessen sind. Zum Beispiel eine schulterfreie Bluse beim Stadtbummel; eine Bluse, die die Schultern bedeckt, in der Kirche; einen Bikini am Strand. Sie tut das nicht, weil das jeweils das sinnvollste Verhalten ist. Man könnte ja denken: Schultern bedeckt in der Kirche – das ergibt Sinn, weil es dort kühl ist –; schulterfrei draußen und Bikini am Strand – das ergibt Sinn, weil es dort heiß ist. Die junge Frau interessiert sich aber nicht dafür, was Sinn ergibt. Sie kleidet sich vielmehr so, »weil man das so macht«. Weil sie die entsprechenden Regeln *internalisiert* hat. Und weil sie weiß, dass ein Verstoß gegen diese Regeln von ihrer Umwelt durch gewisse *Sanktionen* geahndet wird. Verwunderte Blicke. Vielleicht auch ein Kopfschütteln.

Sie kennt diese Sanktionen so gut, dass sie es möglicherweise sogar schon unangenehm findet, wenn andere Leute gegen Regeln verstoßen. Kann sein, dass sie es zum *Fremdschämen* findet, wenn sie auf einer Urlaubsreise in Italien oder Spanien durch eine Fußgängerzone schlendert und sieht, wie andere Touristinnen lediglich mit Bikini-Oberteil durch die Gegend laufen. Was sie selbst nie täte.

Falsche Mütze? Geldstrafe!

Fürs Anziehen gibt es also Regeln. Allerdings hat es heutzutage selten allzu schlimme Folgen, wenn man in die falsche Hose oder das falsche Hemd schlüpft. Vielleicht kommt man nicht in den Club, in den man eigentlich möchte, vielleicht wird man komisch angeschaut. Aber wesentlich härter trifft es normalerweise niemanden, wenn er das Falsche anhat. Das war viele Jahrhunderte lang quer durch Europa ganz anders. Sogenannte Kleiderordnungen legten schriftlich fest, wer was anziehen durfte und wer nicht.

Darin war beispielsweise genau geregelt, wie hoch die Hauben sein durften, die Frauen auf dem Kopf trugen. Wer sich mit Gold und Silber schmücken durfte. Wer Glocken oder Schellen an seine Kleidung nähen durfte. Aber auch die Zahl der Falten und Rüschen an Schleiern war streng festgelegt. Oder wie tief der Ausschnitt eines Kleides gehen durfte. Der Sinn des Ganzen wurde in der bayerischen »Landordnung« aus dem Jahr 1599 so formuliert: »*Damit der Edle von dem Unedlen, der Geistlich vor dem Layen, der Burger vor dem Bauern, der Herr vor dem Knecht, also auch Frauen und Jungfrauen vor den Mägden, etc. unterschieden und erkant mögen werden.*«

Im Mittelalter waren die verschiedenen Gruppen der Gesellschaft streng getrennt. Bauern sollten unter sich bleiben, ebenso wie Handwerker oder Händler. Und um diese Trennung sichtbar zu machen und auch fortzuschreiben, wurde festgelegt: Schon an der Kleidung musste auf den ersten Blick zu erkennen sein, ob jemand ein Bauer war, ein Bürger oder ein Edelmann. Auch die Haare durften die Menschen nicht tragen, wie sie wollten. Bei den Männern waren lange Haare vielerorts in ganz Europa den »Freien Bürgern« vorbehalten. Ein Bauer, der in sklavenähnlicher Abhängigkeit für Adlige oder ein nahe gelegenes Kloster schuftete, musste sich die Haare kurz scheren. Dementsprechend wäre im Mittelalter ein Freier Bürger nie auf die Idee gekommen, sich die Haare abzuschneiden. Schon gar nicht wäre ihm eingefallen, sich eine Glatze zu rasieren, so wie es heute viele Männer für schick halten. Denn damit hätte er ja ausgesehen wie ein Bauer oder ein Leibeigener. Also wie Menschen, die für Freie Bürger damals rundum verachtenswert waren.

Und wehe denen, die sich nicht an die Vorschriften hielten! So weist eine alte Urkunde beispielsweise 20 Reichstaler Strafe für eine junge Frau aus, weil sie vier Mal »in Tragung Goldt und Silbers ersehen worden«. Eine andere musste 15 Taler Strafe zahlen, weil sie »allhier 2 mahl in einer reichen und sehr kostbahrer Hauben ersehen worden«. (Zitate nach: Baur, Veronika: Kleiderordnungen in Bayern vom 14. bis zum 19. Jahrhundert.)

Heute geschieht es nur noch bei seltenen Gelegenheiten und in ganz bestimmten Zusammenhängen, dass jemand wirklich gezwungen wird, etwas Bestimmtes zu tragen. So bekamen im Frühjahr 2011 zwei Bundestagsabgeordnete Schwierigkeiten, als sie mithelfen sollten, eine Parlamentssitzung zu leiten. Sie mochten dabei aber keine Krawatte tragen. Auch viele Firmen schreiben ihren Mitarbeitern mehr oder minder unmissverständlich vor, welche Kleidung auf der Arbeit in Ordnung geht und welche nicht. Zerrissene Jeans und fleckiges T-Shirt bei der Bank? Undenkbar. Als Mitarbeiterin eines Autokonzerns in Flipflops die chinesischen Ingenieure empfangen, die die Firma besuchen? Ebenfalls sicherlich ein Grund, um großen Ärger zu bekommen.

Und Umfragen unter Personalchefs zeigen ganz klar: Die Firmen prüfen bereits vor einer Einstellung gern, ob die Nachwuchskraft, die sich da um eine Stelle bewirbt, denn immer schön brav war. Selbstverständlich wird nicht nur bei Xing oder LinkedIn nachgeschaut, welche beruflichen Schokoladenseiten jemand zu bieten hat. Da wird auch der Rest der virtuellen Welt gescannt. Blöd, wenn irgendwo zu sehen ist, wie man mal gegen Regeln verstoßen hat, die der künftige Arbeitgeber für wichtig hält. Da möchte man gar nicht wissen, was aus den Bildern wird, die Trinkfreunde zum Abschluss einer alkoholreichen Nacht machen.

Der künftige Trainee mit runtergelassener Hose und Bierflasche in der Hand? Tja.

Wir sind alle Individualisten! Oder nicht?

An der Kleidung kann man noch etwas schön studieren: den Widerspruch zwischen dem, was Menschen glauben zu tun – und dem, was sie tatsächlich tun. Gerade Jugendliche beispielsweise geben in Befragungen immer wieder an, dass sie über ihre Kleidung und das gesamte Outfit ihrer eigenen, ganz unverwechselbaren Persönlichkeit Ausdruck verleihen.

Die Kombination von dieser Hose mit jenem T-Shirt, diesem Gürtel mit jenen Schuhen trägt ja schließlich sonst niemand so. Schon gar nicht in Kombination mit dieser Frisur, jenen Strähnchen, diesen Ringen und jener Armbanduhr. Die Erklärung liegt auf der Hand. Kein Mensch ist genauso wie ein anderer. Daher legt jeder Wert darauf, anders auszusehen als die andern.

Aber stimmt das? Wer mit offenen Augen durch die Straßen geht, dem fällt schnell auf: Die Menschen sind sich darin, wie sie sich kleiden, doch reichlich ähnlich. Da trägt im Winter keiner einen Mantel mit handbreiten roten und grünen Streifen. Die Farben lauten: Dunkelgrau, Schwarz, Dunkelbraun, Dunkelblau. Vielleicht mal Rot. Vielleicht mal Beige. Aber wer wie gesagt mit handbreiten rot-grünen Streifen auf dem Wintermantel oder Anorak herumläuft, bringt sich schnell in den Verdacht, er sei eigentlich ein Fall für die Psychiatrie.

Allerdings würde es auch schwerfallen, einen solchen Mantel zu bekommen. Kaum ein Geschäft wird ihn anbieten. So erklärt sich auch die Antwort, die 2012 ein 17-Jähriger auf die Frage gegeben hat, was es eigentlich mit Individualität zu tun hat, wenn in einer Gruppe von acht Jugendlichen fünf ein Kapuzen-Shirt tragen. »Man kann ja so gut wie nichts anderes kaufen«, meinte er. Gut möglich, dass das 2016 oder 2017 schon wieder ganz anders ist.

Wer entscheidet über mich? Kleine Wortkunde der *Autonomie*

Sein Leben selbst zu gestalten, gilt in modernen westlich orientierten Gesellschaften als erstrebenswert. Wer so lebt, lebt *autonom*. Denn er gibt sich die Regeln und Gesetze (die heißen auf Griechisch *nómos*) seines Lebens selbst (das wiederum heißt auf Griechisch *autós*). Selbstbestimmung können auch ganze Gruppen oder Staaten für sich beanspruchen – sie fordern dann *Autonomie*. Das Gegenstück dazu ist die *Heteronomie*. Wer sich nach dem richtet, was jemand anders (Griechisch: *héteros*) sich ausdenkt, lebt dementsprechend *heteronom*. Das gilt nicht nur für die Regeln, die einzelne Menschen aufstellen, sondern auch für die Regeln, die durch eine Gruppe gesetzt werden. In eine *Heteronomie* gebracht werden kann man aber auch durch Regeln, von denen man glaubt, ein übermenschliches, göttliches Wesen habe sie aufgestellt. Wer sich an die *Zehn Gebote* nur hält, weil er in ihnen den Willen Gottes sieht, der handelt nicht autonom. Anders ist das, wenn jemand die Zehn Gebote zu seinen eigenen Regeln gemacht hat. Weil er sie nach reiflicher Überlegung für gut und richtig hält.

Leute machen sich selbst – auch durch Kleider.

Das alte Sprichwort »Kleider machen Leute« gilt also unverändert. Es gilt aber auch: Leute werden durch Kleider gemacht. Liebe Grammatik-Tüftler: Hier ist nicht nur eine Umwandlung eines aktiv formulierten Satzes in einen passiven Satz gemeint. Es geht um mehr. Ab dem ersten Moment, in dem der Körper eines Menschen mit Stoff bedeckt wird, wird dieser Mensch einer bestimmten Gruppe zugeordnet. Viele Krankenhäuser stecken neugeborene Mädchen direkt nach der Geburt in rosa Strampler, Jungs in blaue. Später, wenn Kinder, Jugendliche und Erwachsene immer stärker selbst entscheiden, was sie anziehen, kommen sie aus dieser Zuordnung zu einer Gruppe nicht mehr heraus.

Sie wissen beispielsweise, wie man in etwa auszusehen hat, wenn man als Schüler morgens in die Schule geht. Ein evangelisch getaufter 14-Jähriger, der am Tag nach seiner Konfirmation noch einmal seinen Konfirmationsanzug anzieht und in dieser Aufmachung das Klassenzimmer betritt, fällt damit so sehr auf, dass er es nicht lange aushalten wird. Schlimmer wäre es wohl nur, wenn er das Konfirmationskleid seiner Schwester anzöge.

Aber nicht nur das Befolgen der üblichen Kleidernormen folgt bestimmten Regeln. Auch der *Verstoß* dagegen erfolgt nach mehr oder minder strengen Regeln. Emo oder Punk mit weißen Lederstiefeletten? Sicher nicht. Wer als Punk, als Emo oder auch als Surfer oder Skater erkennbar sein möchte, der muss sich logischerweise einige entsprechende Erkennungsmerkmale zulegen.

Auch der Lübecker Hauptschul-Direktor Matthias Isecke-Vogelsang, der mit seiner außergewöhnlichen Frisur und seiner auffälligen Kleidung Schlagzeilen gemacht hat, schnallt sich nicht morgens einen Blumentopf auf den Kopf und stellt sich dann vor seine Schulklassen. Sondern er geht mit einer grün-gelb gefärbten Irokesen-Frisur in die Schule. Wenn er sich fotografieren lässt, trägt er eine planmäßig zerfetzte Jeans und ein Totenkopf-Fan-T-Shirt des FC St. Pauli. Dann ist die Sache einfach. Es ist sofort klar, zu welcher Gruppe der Mann gehören möchte: Er will Punk sein.

Bemerkenswert dabei: Wie ein Punk auszusehen hat, darüber haben vor 30 bis 40 Jahren junge Leute Regeln aufgestellt, die heute immer noch von manchen Jugendlichen befolgt werden. Wenn sich heute ein 16-Jähriger einen gelb gefärbten Irokesenschnitt zulegt, dazu eine schwarze Lederjacke mit Nieten trägt und Stiefel mit verschiedenfarbigen Schnürsenkeln, dann folgt er haarklein einem *Dresscode*, den sich Leute ausgedacht haben, die seine Großeltern sein könnten.

Es gilt also immer noch die Weisheit aus dem Film-Klassiker *Das Leben des Brian*. Wenn die Masse ruft: »Wir sind alle völlig verschieden!« und ein Einzelner widerspricht: »Ich nicht!«, dann ist irgendetwas komisch.

Freier Wille? Na ja …

Es ist also sicher nett und vielleicht auch angenehm, zu glauben, dass man seinen eigenen *freien Willen* auslebt, wenn man morgens diese Schuhe anzieht und jenes Make-up auflegt (mehr zum Thema »Freier Wille« im Kapitel 18). Es ist auch nett zu glauben, man folge seinem eigenen freien Willen, wenn man sich die Haare

färbt, die Locken herausglätten lässt oder die Augenbrauen zupft. Aber dieser Glaube ist ein Irrtum. Niemand denkt sich allein aus, wie er nach außen auftritt. Vielmehr richtet sich jeder in seinem Verhalten immer nach anderen, zu denen er bewusst oder auch unbewusst gehören möchte. (Wer Fachbegriffe mag: Bei Erwachsenen reden Wissenschaftler hier beispielsweise gern vom *Milieu*, bei Jugendlichen auch von der *Peer-Group*.)

Dass sich jeder und jede ständig an anderen ausrichtet, ist übrigens überhaupt nicht schlimm. Dieses Ausrichten an anderen hat nicht unbedingt etwas mit Schleimerei oder Anpassung zu tun. Anders könnte menschliches Zusammenleben wohl gar nicht funktionieren. Es wäre ziemlich anstrengend, wenn man sich beispielsweise jeden Morgen die Frage stellen müsste: »Färbe ich mir heute die Haare grün oder blau? Gehe ich mit T-Shirt oder Bikini in die Schule? Oder nackt?« (Im Hochsommer wäre das ja denkbar.)

Dass Jana beispielsweise ihr Yuko-Ichihara-Kostüm an etwa 360 Tagen des Jahres beim Blick in den Kleiderschrank definitiv nicht in Erwägung zieht, macht ihr Leben einfacher. Menschen können nur dann ihren Alltag bewältigen, wenn sie nicht ständig aus einer unendlichen Zahl von Alternativen auswählen müssen. Erträglich ist nur eine Handvoll verschiedener Handlungsmöglichkeiten. (Wer dazu einen wissenschaftlichen Fachbegriff lesen möchte: Es geht – unter anderem – um die *Reduktion von Komplexität*.)

Völlige Freiheit bei der Auswahl der Kleidung wäre also wohl zu anstrengend, deshalb schränken Menschen die Auswahl ein. Gleichzeitig nutzen sie den Spielraum, der ihnen bleibt, aus, um sich nach außen darzustellen. Kleidung und alles, was mit dem Äußeren zu tun hat, trägt viel dazu bei, dass jemand der ist, der er ist. Es ist inzwischen auch wissenschaftlich abgesichert, was das Sprichwort »Kleider machen Leute« ausdrückt: Darin, wie jemand sich herrichtet, steckt eine Botschaft.

Die Botschaften können ganz unterschiedlich sein:
• Ich bin eine Frau und kein Mann.
• Ich bin reich.
• Ich lege Wert darauf, sexy zu sein.
• Ich arbeite in einem Büro und nicht in einer Fabrikhalle.

Vielleicht steckt im Äußeren eines Menschen aber auch die Botschaft: Mir ist nicht sonderlich wichtig, wie ich aussehe. Egal wie die Botschaft lautet, die in der Kleidung steckt – sie wird von allen anderen in Sekundenbruchteilen verstanden. Wer jemanden in Anzug und Krawatte sieht, muss nicht lange überlegen, ob er einen Punk vor sich hat. Durch das Austauschen von Botschaften entsteht aber nichts Geringeres als die gesamte menschliche Gesellschaft.

Das Dumme dabei: Wenn Menschen Botschaften austauschen wollen, gelingt das zwar oft recht gut. Oft misslingt es aber auch. Dann bleiben Missverständnisse und Unverständnis. Und solche Kommunikationsprobleme treten nicht nur auf, wenn es ums Sprechen und Zuhören geht oder ums Schreiben und Lesen. Auch die Botschaft, die in Kleidung steckt, kann für Unverständnis sorgen. Ein einfaches Stück Tuch zum Beispiel kann eine Menge Wirbel auslösen. Wenn es um den Kopf gewickelt wird.

Kapitel Drei

Bist du die Geliebte von Osama bin Laden?

Warum die einen Kopftücher tragen und die anderen nicht. Was das Ganze mit Religion zu tun hat (oder haben soll).

Bleiben wir bei Jana, die sich ein paar Mal im Jahr gern kleidet wie die japanische Manga-Figur Yuko Ichihara. Im Alltag hingegen läuft Jana komplett unauffällig herum. Dazu gehört, dass sie *kein Kopftuch* trägt. Wenn sie sich plötzlich eines überzöge, würden sich ihre Verwandten und Freunde wahrscheinlich Sorgen machen, ob unter dem Kopftuch noch alles in Ordnung ist. Denn Jana hat ihre Wurzeln in einer mittelgroßen Stadt im Rheinland. Wer zu einer Familie gehört, die dort länger als 50 Jahre lebt, ist in der Regel entweder katholisch oder aus der Kirche ausgetreten. Vielleicht ist er auch evangelisch. In jedem Fall gilt: Bei solchen Leuten tragen die Frauen heute keine Kopftücher. Früher konnte man zwar durchaus mal die modebewusste deutsche Dame mit etwas um den Kopf herum sehen, ebenso wie die Bauersfrau. Aber heute? Eher nicht.

Und wenn Frauen plötzlich doch mit Kopftüchern anfangen,

dann gibt es dafür höchstens zwei halbwegs einleuchtende Erklärungen. Erstens: wenn eine Frau an Krebs erkrankt und ihr wegen der Therapie die Haare ausfallen. Zweitens: wenn sich eine Frau mit einem gläubigen Moslem zusammentut – dann gilt auch das als nachvollziehbarer Grund dafür, dass sie plötzlich ein Kopftuch trägt.

In diesem Fall allerdings gilt eine solche Frau als ziemlich komisch. Sich wegen des Glaubens ihres Freundes oder Mannes plötzlich ganz anders zu kleiden, das ist verdächtig. Ganz nach der Zeile, die *Die Ärzte* in ihrem Lied »*Lasse redn*« gedichtet haben: »Du darfst nie mehr in die Vereinigten Staaten, denn du bist die Geliebte von Osama bin Laden.«

Oben mit

Als völlig neben der Spur würde Jana aber gelten, wenn sie sich ein typisch muslimisches Kopftuch besorgen würde und es jeden Tag anzöge – einfach so, weil sie es schick oder witzig findet. Denn damit würde sie gleich doppelt gegen Regeln verstoßen. Zum einen gegen die Normen ihrer katholischen, evangelischen oder nicht-kirchlichen Verwandten und Freunde. Denn in deren Augen gehört ein solches Tuch ja nur auf den Kopf einer gläubigen Musliminn. Jana würde aber auch gegen die Normen der Musliminnen und Muslime verstoßen. Denn die sind der Ansicht, dass ein solches Kopftuch nicht auf die Haare einer jungen Frau gehört, die noch nie eine Moschee betreten hat.

Anders sieht das bei einem Mädchen aus, das in Janas Nachbarschaft wohnt. Nennen wir sie Ipek. Ihre Eltern sind in der Türkei geboren, sie selbst ist in Deutschland auf die Welt gekommen. Sie hat die deutsche Staatsbürgerschaft, spricht akzentfrei Deutsch. Am Telefon käme keiner auf die Idee, dass sie irgendwie »nicht dazugehört«.

Vielen, die ihre Wurzeln nicht in Ländern mit islamischer Tradition haben, fällt bei einer Begegnung mit Ipek aber eines sofort auf: das Kopftuch, das sie stets trägt. Ipek macht um dieses Kopftuch nicht viel Aufhebens. Wo ihre Familie herkommt, tragen eben erwachsene Frauen so was, sagt sie. Und deswegen tut sie es auch. Sie sei Muslimin, erklärt sie. Sie glaube an Allah. Aber durch das Tragen ihres Kopftuchs wolle sie keinem ihren Glauben aufzwingen. Genauso, wie sie nicht davon ausgeht, dass die Leute, die mit einem Kreuz um den Hals herumlaufen, anderen den christlichen Glauben aufzwingen wollen. Und Leute mit Kreuz um den Hals könne man ja schließlich viele sehen, sagt sie.

Eine Frage der Sitten

Darüber, ob der muslimische Glaube verbindlich vorsieht, dass Frauen ihre Haare oder möglicherweise auch das ganze Gesicht bedecken, gibt es auch unter Islam-Gelehrten intensive Debatten. Dass die Sache nicht eindeutig ist, lässt sich an einer einfachen Beobachtung festmachen: Es gibt ganz unterschiedliche Schleier oder Kopftücher.

Die einen bedecken die Haare weitgehend, lassen aber noch die eine oder andere Strähne sehen. Die anderen bedecken die Haare

komplett, lassen aber das Gesicht frei. Wieder andere lassen gar nicht erkennen, wer oder was dahinter ist. Auch die Frage, ob der Schleier gleich den ganzen Körper bedecken sollte, wird ganz unterschiedlich beantwortet. Wer Genaueres wissen will: In die einschlägigen Suchmaschinen Begriffe wie Niqab, Tschador, Hidschab oder Burka eingeben – da findet sich einiges.

Wenn unter denjenigen, die an Allah glauben, die eine Gruppe etwas auf eine Weise handhabt und die andere Gruppe auf eine andere Weise, dann lässt das erst einmal einen Schluss zu: Das Kopftuchtragen ist eine Übereinkunft in bestimmten Gruppen von Menschen. Die einen Gruppen treffen diese Übereinkunft so. Die anderen treffen sie anders. Und die dritten treffen sie gar nicht. Unter den vielen Hundert Millionen Frauen, die sich weltweit zum Islam bekennen, gibt es ganz klar verschiedene Ansichten und Abmachungen, wie man es mit dem Kopftuch halten sollte. Die meisten Iranerinnen halten es anders als die meisten Frauen aus der östlichen Türkei. Viele Frauen aus dem westtürkischen Istanbul halten es wieder anders. Also steht hinter der Sache mit dem Kopftuch schon mal kein eindeutiges Gebot – sondern eine Vereinbarung.

Das Thema »Kopfbedeckung« beschäftigt aber nicht nur den Islam, sondern auch viele andere Religionen. Im Judentum etwa gilt die Vorschrift, dass Männer bei religiösen Zeremonien ihren Kopf bedecken sollen. Bei den christlichen Konfessionen haben die Kirchgänger in der Regel nichts auf dem Kopf. In der katholischen Kirche und den orthodoxen Kirchen tragen allerdings die Priester ebenfalls etwas auf ihrem Kopf, beispielsweise ein *Birett*, hochrangige Priester tragen eine *Mitra*.

Aber auch über die Frage, ob christliche Frauen – wie Musliminnen – ihre Haare bedecken sollten, gibt es seit langer Zeit theologische Diskussionen. Denn der Apostel Paulus hat sich in seinem »Korintherbrief« zum Thema »Kopfbedeckung für gläubige Christinnen« geäußert. Und was Paulus zu sagen hatte, gilt vielen Christen als wichtige Richtschnur für ihr eigenes Handeln. Einige deuten seine Äußerungen so, dass Christinnen in der Kirche etwas auf ihrem Kopf tragen sollten. Christliche Frauen sollten also eine Kirche nicht ohne Schleier oder Kopftuch betreten, lautet diese Lesart. Andere deuten die Sätze des Apostels genau andersherum: Christliche Frauen sollten nichts auf dem Kopf haben.

Haare, Glaube – und *Sex*

Die Sache mit den Haaren, den Frauen und dem Glauben ist also vertrackt. Eines kann man allerdings mit großer Sicherheit sagen: Es geht bei dem Thema auch ganz wesentlich um eine der Kräfte, die Menschen am stärksten umtreibt. Es geht um Sex. Denn schöne und offen gezeigte Haare einer Frau gelten quer durch alle Kontinente, durch alle Kulturen und durch alle Zeiten als etwas, das Frauen körperlich attraktiv erscheinen lässt. Schöne Haare machen Frauen sexy. Justin Timberlake mag mit seiner Frisur immer mal wieder für den Titel *»sexiest man alive«* vorgeschlagen worden sein. Eine Kandidatin, die bei *Germany's Next Top Model* oder einer anderen Casting-Show mit Haaren antritt, die so kurz sind wie die von Justin Timberlake, würde ein beträchtliches Wagnis eingehen. Als sich die Sängerin von *Frida Gold*, Alina Süggeler, eine Glatze scheren ließ, waren viele Fans geschockt. Wenn sie sich die Haare wieder lang wachsen lässt, dürfte der Schock weniger groß sein.

Dass Frauen das Signal aussenden »Ich will sexy sein«, war – und ist – aber in vielen Kulturen, in denen Männer das Sagen haben, verpönt. Vor allem verheiratete Frauen sollen nicht über offen gezeigtes Haar auf andere Männer Attraktivität ausstrahlen, so lautet eine uralte Regel. Verheiratete Frauen trugen deshalb in vielen europäischen Ländern lange Zeit ihr Haar unter einer Haube. Das Sprichwort, dass eine Frau »unter die Haube kommt«, wenn sie heiratet, gerät zwar langsam aus der Mode. Doch es zeigt, dass es genau darum ging: Eine Frau, die sich fest an einen Mann bindet, zeigt ihr Haar nicht mehr den anderen Männern. Denn sie hat gefälligst keine sexuellen Signale mehr von sich zu geben.

Kleine Zwischenfrage: Irritiert davon, dass hier plötzlich von *Sex* die Rede ist?

Na, mal ehrlich: Bis hierher war das Buch vielleicht noch ganz flott und stolperfrei zu lesen, doch jetzt sticht plötzlich dieses Wort ins Auge: *Sex*. Das mit der Nacktheit weiter oben, das war ja schon ein bisschen eigenartig. Aber jetzt *Sex, sexy, sexuell*? Das liest sich anders als *Norm, normal, genormt*. Lässt einen beim Lesen stolpern. Warum? Aus dem simplen Grund, dass folgende Norm gilt: Reden und Schreiben über *das Eine* ist auch für moderne Leute im 21. Jahrhundert mit allen möglichen Peinlichkeiten, Verboten und so weiter belegt. Oder nicht? Schon, oder? Was nur ein weiteres Zeichen dafür ist, welche unglaubliche Energie in *dem Einen* steckt.

Heute ist bei Frauen, die in Europa – oder in letztlich europäisch geprägten Gegenden wie den Staaten Nord- und Südamerikas – leben, eher das Gegenteil üblich: Sie versuchen, körperlich anzie-

hend auszusehen. Dabei ist klar, was als Norm vorgegeben ist. Frisch gewaschenes und gekämmtes Haar, möglichst hübsch in Form geföhnt. Das ist es, was die meisten Männer sehen wollen, wenn sich Mädchen und Frauen in der Öffentlichkeit bewegen.

Eigentlich sollte das Haar auch lang sein. Und wenn bei den Müttern der GNTM-Bewerberinnen die Haare anfangen grau zu werden, sollte mit Farbe und Tönung nachgeholfen werden, um den Reiz der Jugendlichkeit zu bewahren. Ein 40-jähriger Mann mit grauen Haaren kann gerade durch seine ergraute Haarpracht sexy wirken. Aber eine 40-jährige Frau mit grauem Pferdeschwanz? Eher weniger.

Was für Mädchen und Frauen die Frage aufwirft: Geht es ausgerechnet beim eigenen Kopf (auf dem die Haare ja wachsen) wirklich nur darum, was Männer gern sehen wollen?

Männliche Regeln für weibliche Köpfe

Die Antwort lautet: ja. Letztlich geht es darum, was Männer schön finden, wenn Frauen ihren Kopf bearbeiten. Jetzt wird manche Leserin denken: Aber ich mache mir doch die Haare schön, weil *ich* das will! Dann sollte diese Leserin sich vielleicht folgende Frage stellen: Bin ich ganz allein darauf gekommen, das zu wollen? Und? Na?

Männer legen also fest, was Frauen mit ihrem Kopf anstellen sollen. In Europa oder den USA haben sie sich darauf geeinigt, dass Frauen sexy sein sollten. In vielen islamischen Ländern finden die Männer hingegen, dass es mächtig verwirrend ist, dauernd von sexy Frauen umgeben zu sein. Die logische Konsequenz: Dort haben Männer festgelegt, dass es besser ist, wenn die Frauen die Schönheit ihrer Haare *nicht* zeigen. In einigen Teilen der islamischen Welt haben Männer diesen Gedanken konsequent zu Ende gedacht. Und sie sind zu dem Ergebnis gekommen, dass auch schöne Gesichter, hübsche Brüste, reizvolle Taillen verwirrend sein können. Folgerichtig werden Frauen hinter Ganzkörperschleiern, also hinter Tschadors oder Burkas, versteckt.

Auch in diesen Ländern würden natürlich viele Frauen sagen, dass es ihre eigene freie Entscheidung sei, sich eine Burka oder einen Tschador überzustülpen. Tatsache aber ist, dass sich eine Frau in einer traditionell lebenden Familie in Afghanistan nicht frei dafür entscheiden könnte, mit langen blond gefärbten Haaren herumzulaufen. Auch in Saudi-Arabien oder Pakistan wäre das schlicht nicht möglich. Genauso wie sich eine europäische Managerin nicht frei dafür entscheiden könnte, mit Haaren ins Büro zu kommen, denen man ansieht, dass sie seit zwei Wochen weder gewaschen noch gekämmt wurden. Zum hübschen Kostüm der Managerin gehören duftige Haare.

Gerade an Burkas oder Tschadors lässt sich aber auch eines recht gut studieren: Wenn es um Normen geht, kann schnell mal alles, was mit Denken zu tun hat, komplett verloren gehen. In streng muslimischen Ländern werden nicht nur hübsche 20-Jährige hinter Ganzkörperschleiern versteckt, damit sie mit ihrer Anziehungskraft nicht Männern den Kopf verdrehen. Vielmehr verschwindet alles, was bei einer medizinischen Untersuchung als Frau identifizierbar wäre, hinter Stoff. Hier zeigt sich: Gesellschaftliche Normen entwickeln gerne mal ein Eigenleben.

Dieses Eigenleben kann so weit gehen, dass Normen komplett menschenfeindlich werden. Und das, obwohl die Normen von Menschen gemacht sind. Menschengemachte Normen können aber auch noch auf ganz andere Weise ein Eigenleben entwickeln.

Kapitel Vier

Da sprach der König zu seinen Räten: Ich will meine Tochter heiraten.

Warum es Verbote gibt, die sich völlig selbstverständlich anfühlen – obwohl sie vielleicht gar nicht so selbstverständlich sind.

Nicht viele Wörter der Südseeinseln haben es geschafft, Teil der deutschen Sprache zu werden – und auch anderer europäischer Sprachen. Das *Tabu* gehört dazu. Als die ersten Europäer Inseln im heutigen Polynesien besuchten, stellten sie fest, dass die Ureinwohner manche Dinge strikt mieden oder in gewisser Weise als heilig betrachteten. Allerdings passte der Begriff »heilig«, den die Europäer kannten, nicht richtig zu den Tabuverboten. Der Begründer der Psychoanalyse, Sigmund Freud, schrieb dazu: »Die Tabuverbote entbehren jeder Begründung.« Und: »Sie verbieten sich eigentlich von selbst.« Ein Tabuverbot gilt also nicht, weil ein Gesetz oder der Wille einer göttlichen Macht es so möchte. Ein Tabuverbot gilt ganz aus sich heraus. Dementsprechend sind Tabuverbote ausgesprochen starke Verbote.

Beispiel Inzesttabu: Dass Brüder nicht mit ihren Schwestern

schlafen sollen oder Väter nicht mit ihren Töchtern, ist eine Regel, die nach Ansicht der meisten Volkskundler in allen Kulturen gilt. Dass so etwas *gar nicht geht*, weiß jeder und jede, immer und überall. Dieses Beispiel zeigt auch: Ein Tabuverbot kann so stark sein, dass man über etwas gar nicht spricht oder den Gedanken daran nicht zulassen möchte. Mancher Leser wird bei den letzten Zeilen gedacht haben: *Was schreibt er denn da jetzt? Brüder mit Schwestern? Väter mit Töchtern? Spinnt der? Igitt.* So etwas auch nur zu denken, geht gar nicht. Das ist tabu.

Dass man aber sogar mit dem Inzesttabu ganz anders umgehen kann, haben vor etwa 3300 Jahren die Pharaonen im alten Ägypten gezeigt. Wissenschaftler, die das Erbmaterial untersuchten, das sich in Mumien finden lässt, haben herausgefunden: Die Eltern des bekannten Pharaos Tutanchamun waren Geschwister. Tutanchamuns Vater war also gleichzeitig sein Onkel, und seine Mutter war auch seine Tante. Aber auch Tutanchamun selbst heiratete innerhalb seiner engsten Verwandtschaft. Seine Ehefrau Anchesenamun war seine Halbschwester. Sie hatte zwar eine andere Mutter, aber den gleichen Vater wie ihr Ehemann. Tutanchamuns Großvater Amenophis III hatte eine noch eigentümlichere Ehe geschlossen. Er hielt es für eine gute Idee, seine Tochter zur Frau zu nehmen. Über diese bizarren Familienverhältnisse ist in den bunten Kinder- und Jugendbüchern über die alten Pharaonen meist nichts zu lesen.

Man muss aber nicht Jahrtausende in die Vergangenheit blicken und ins ferne Ägypten schauen, um etwas über einen Herrscher zu lesen, der sein eigenes Kind heiraten möchte. In einer Geschichte mit dem Titel »Allerleirauh«, die die Gebrüder Grimm in ihre Märchensammlung aufgenommen haben, geht es um einen König, der sein Kind zur Frau nehmen möchte. »Da sprach er zu seinen Räten: Ich will meine Tochter heiraten«, heißt es in den Grimm'schen Märchen. Der Prinzessin graust es allerdings bei dem Gedanken. Das Mädchen flieht vor seinem Vater.

In vielen Sammlungen der Grimm'schen Märchen lassen die Herausgeber diesen Text lieber weg. Hänsel und Gretel, Frau Holle, Rotkäppchen – solche Geschichten gehen in Ordnung. Aber ein Text über einen König, der gegen das Inzesttabu verstoßen möchte? Damit wollen die meisten Herausgeber von Märchenbüchern ihre Leser lieber nicht verwirren.

Als Begründung für das Inzesttabu gibt es nach Ansicht von Wissenschaftlern mehr als nur den Gedanken »Igitt«. Wenn enge Verwandte gemeinsam Kinder zeugen, ist die Gefahr groß, dass diese Kinder mit schweren Behinderungen auf die Welt kommen. Allein schon aus diesem Grund ist es vernünftig, wenn menschliche Gesellschaften Inzest zum Tabu machen. Wobei sich nicht sicher klären lässt, ob bereits in früheren Zeiten dieser Grund mitspielte, als auf der ganzen Welt in allen möglichen Kulturen das Inzesttabu fest verankert wurde. So oder so: Dafür, dass Sex unter Blutsverwandten verboten ist, gibt es Argumente, die über das reine »Igitt« hinausgehen. Bei anderen Tabus tut man sich schwerer, wirklich vernünftige Begründungen zu finden. Bei den *Nahrungstabus* etwa.

HABEN SIE SO BUNTE KINDERBÜCHER ÜBER DIE PHARAONEN, WO ES UM DEN INZEST GEHT, DEN DIE GETRIEBEN HABEN?
NEIN!!!
SO WAS HABEN WIR NICHT!
INFORMATION
INFORMATION
IN SCHWARZ-WEISS ALLERDINGS SCHON.

Warum eigentlich keine Käfer essen?
Oder keine Schweine?

Im hinduistischen Glauben ist es streng untersagt, Kühe zu schlachten und zu essen. Diese Tiere gelten als heilig. Dementsprechend ist es in vielen Bundesstaaten Indiens, die hinduistisch geprägt sind, auch durch Gesetze verboten, Kühe zu töten. Ein anderes Nahrungstabu gilt für gläubige Juden und Moslems. Ihnen ist es streng verboten, Schweinefleisch zu essen. Auch hier wird dieses Verbot mitunter in Gesetzen festgeschrieben. Wer nach Saudi-Arabien reist, den warnt das deutsche Außenministerium: Schweinefleisch dabeizuhaben, ist »strengstens verboten«. Solche Verbote gelten jedoch nicht, weil Moslems oder Juden Schweine als heilig verehren, so wie es die Hindus mit Kühen tun. Im Gegenteil. Für diese Religionen sind Schweine schmutzige, unreine Tiere.

Wissenschaftler haben verschiedenste Erklärungen gesucht, warum Menschen (sofern sie nicht sowieso Vegetarier sind) bestimmte Tiere als Nahrungsmittel lecker finden – und andere Tiere eklig. So gibt es die Theorie, dass Kühe in Indien besonders viel Nutzen bringen, wenn sie als Milchlieferanten und als Zugtiere beim Ackerbau verwendet werden. Denn die Rinderarten, die in Indien leben, sind bei dem dortigen Klima und den dortigen Böden für diese Aufgaben optimal geeignet. Rinder zu schlachten, wäre sozusagen Verschwendung. Also hat es die Gesellschaft durch ein Tabu verboten, Rinder zu töten. Ähnlich wird erklärt, warum für Pferdefleisch in weiten Teilen Europas und Nordamerikas die Regel gilt: »Das isst man nicht.« Pferde seien in früheren Zeiten zu wertvoll gewesen, um sie zu verspeisen, heißt es.

Für die Erklärung des Schweinefleisch-Verbots im Islam und Judentum wird gern das Klima herangezogen. Die Gegenden, in denen heute Israel und die arabischen Länder liegen, seien für die Schweinezucht eigentlich zu heiß. Wenn aber Schweine trotzdem in heißen, trockenen Gegenden gehalten werden, drehen sie immer wieder komplett durch. Dann fressen sie auch mal ihren eigenen Kot, kann man in entsprechenden Untersuchungen lesen. Um ein solches (durchaus ekliges) Ausrasten von Schweinen nicht mitansehen zu müssen, sei das Verbot, Schweinefleisch zu essen, fest in den Islam und das Judentum eingebaut worden.

Es gibt auch Wissenschaftler, die das Schweinefleischverbot auf bestimmte Schädlinge zurückführen, die früher immer wieder in diesem Fleisch zu finden waren: Trichinen können für Menschen ausgesprochen gesundheitsschädlich sein. Ein religiöses Schweinefleischverbot garantierte also einen hervorragenden Schutz gegen die Erkrankungen, die Trichinen beim Menschen auslösen.

Sorry, aber kannst du kurz *erklären*, *warum's* dir nicht schmeckt?

Bei allen diesen Erklärungen gibt es Argumente für und wider – und entsprechende Debatten unter Fachleuten. Allerdings gibt es eines, was bei allen Nahrungstabus sicher ist. Mit Vernunft haben sie nicht viel zu tun. Heute zumindest nicht mehr. In Indien haben sich die Bedingungen, unter denen Landwirtschaft betrieben wird, in letzter Zeit radikal geändert. Ebenso in Israel oder Arabien. Mag sein, dass das Verbot, Kühe oder auch Schweine zu schlachten, früher einmal etwas mit sinnvoller Nutzung des Landes zu tun hatte. Doch heute sind die Umstände völlig anders.

Trotzdem schüttelt es einen gläubigen Hindu, wenn man ihm ein Rindersteak vorsetzt – während einem deutschen oder amerikanischen Steakhouse-Besucher das Wasser im Munde zusammenläuft. Und ein katholischer Italiener oder ein evangelischer Schwede freut sich, wenn ein Schweinekotelett auf dem Grill dampft. Einem gläubigen Moslem oder Juden wird bei dem Gedanken daran möglicherweise übel.

Gleichzeitig wird sich ein Deutscher, der in Frankreich im Supermarkt in die Tiefkühltruhe schaut, vielleicht wundern. Dort könnten tiefgefrorene Froschschenkel zu finden sein. »*Iiiih, tote Frösche*«, mag dieser Deutsche denken. Wenn er dann aber einen Schritt weitergeht und zu tiefgefrorenen Garnelen greift, die auch in Deutschland als Delikatesse gelten, müsste er sich schon fragen lassen: Warum sagt man bei Krabben, Scampi, Gambas (oder wie immer man sie im jeweiligen Land nennt) nicht »*Iiiih*«? Dass die hübscher aussehen als ein Frosch, kann niemand behaupten.

Nahrungstabus sind aber nicht nur von Land zu Land verschieden, sondern ändern sich auch über die Zeiten hinweg. So war früher in einigen Regionen Deutschlands (zumindest manchmal) eine ganz besondere Einlage im Suppentopf zu finden: Maikäfer. Die aus den Käfern gekochte Suppe schmecke wie Krebssuppe, nur intensiver, lässt sich heute nachlesen. Wer entsprechende Rezepte finden will, muss nur das Suchwort im Internet eingeben. Da findet sich einiges.

Etwas Warmes braucht der Mensch:
Wie wär's mit Maikäfersuppe?

Zutaten für eine Portion:
30 Stück Maikäfer
1 Esslöffel Butter
125 Milliliter Hühnerbrühe (alternativ Kalbsbrühe)
Zur Zubereitung werden die Maikäfer ohne Flügel und Beine in heißer Butter angeröstet und in Brühe gegart. Je nach Rezept wird die Suppe gesiebt und als Brühe genossen oder die Käfer werden anfangs im Mörser zerstoßen, die Suppe wird passiert und mit etwas Mehlschwitze und Eigelb gebunden. Die Maikäfersuppe kann zum Beispiel mit Scheiben von Kalbsleber oder Taubenbrust ergänzt werden.
Quelle: www.kochrezepte.de

Ein deutscher oder auch amerikanischer Restaurantbesitzer, der heute Maikäfersuppe auf die Speisekarte schriebe, würde wahrscheinlich nicht sonderlich viele entsprechende Bestellungen seiner Gäste erhalten. Dafür aber wahrscheinlich Besuch von Fernsehteams, die auf der Suche nach skurrilen Themen sind. Die wiederum müssten sich dann jedoch fragen lassen: Warum sind Maikäfer als Suppeneinlage eigentlich ekliger als beispielsweise Krabben oder Muscheln? Oder Schnecken? Die kann man durchaus auf den Speisekarten feiner Restaurants finden. Es ist also viel mehr, als man denkt, schlicht und einfach eine Vereinbarung.

Allerdings können solche Vereinbarungen für beträchtlichen Ärger sorgen. Denn viele Menschen fühlen sich nur mit ihren eigenen Abmachungen wohl. Und stören sich an dem, was andere miteinander ausmachen.

Kapitel Fünf

Deine Normen machen mich krank.

Wie es kommt, dass Menschen ihre eigenen Normen lieben – die Normen anderer Menschen aber nicht so sehr.

Machen wir einen Spaziergang durch Berlin-Kreuzberg. Was sehen wir, wenn wir die Köpfe der Frauen betrachten, die uns begegnen? Wir sehen blonde Haare, braune Haare, graue Haare. Wir sehen aber auch: Kopftücher. Schwarze Kopftücher, bunte Kopftücher, gemusterte Kopftücher.

Wir sehen: Metzgereien, die Buletten aus Schweinefleisch anbieten. Wir sehen aber auch: Metzgereien, die für ihr Fleisch mit dem Wort »halal« werben. Das Fleisch entspricht also den Essensvorschriften, die gläubige Moslems einhalten sollen. Es ist garantiert kein Schweinefleisch dabei.

Frauen mit Kopftuch, Halal-Metzgereien – nach einiger Zeit in Berlin-Kreuzberg empfindet man das als normal. Verlassen wir Berlin und fahren hundert Kilometer in eine beliebige Richtung. Halten wir dort in irgendeiner Kleinstadt oder in einem Dorf. Wie finden wir es dort, eine Frau mit Kopftuch zu sehen? Oder eine Halal-Metzgerei? Zumindest die meisten Nicht-Moslems werden ehrlicherweise die Antwort geben müssen: »Irgendwie komisch.«

Diese Nicht-Moslems können auch gar nicht anders, als es erst einmal *irgendwie komisch* zu finden, wenn sie einer Frau begegnen, die ein Kopftuch trägt.

Diese Nicht-Moslems begnügen sich allerdings oft nicht damit, das Kopftuch *irgendwie komisch* zu finden. Das gilt in Deutschland ebenso wie in Frankreich oder Spanien. Sie suchen Argumente, warum dieses *Irgendwie-komisch*-Gefühl berechtigt ist. Über seine eigenen Empfindungen nachzudenken, ist ja in Ordnung. Allerdings stellt sich die Frage, ob das Nachdenken über das *Irgendwie-Komische* immer ganz zu Ende gebracht wird.

Wie sehr drückt das Tuch?

Nicht-muslimische Deutsche, die sich an Kopftüchern stören, bringen gern Argumente, die oft zunächst nach vernünftiger Abwägung klingen. Das Kopftuch sei ein Zeichen dafür, dass Frauen unterdrückt werden, heißt es dann. Das hört sich gut an und freundschaftlich. Und ohne Zweifel werden in vielen Ländern, in denen die Bevölkerungsmehrheit moslemisch ist, Frauen unterdrückt.

Sicher richtig ist beispielsweise die Feststellung: »In Saudi-Arabien haben Frauen nicht die vollen Menschenrechte. *Und* das Land ist islamisch.« Die Behauptung »In Saudi-Arabien haben Frauen nicht die vollen Menschenrechte, *weil* das Land islamisch ist« klingt nicht nur anders. Diese Behauptung hat von der Argumentation auch eine ganz andere Qualität. Sie folgt der gleichen Argumentationsstrategie wie eine Behauptung in dieser Art: »In

Europa und den USA gibt es viele Alkoholiker und andere Drogenabhängige, *weil* diese Länder großenteils christlich geprägt sind.« Korrekter wäre wohl erst einmal: »In Europa und den USA gibt es viele Alkoholiker und andere Drogenabhängige. Und diese Länder sind großenteils christlich geprägt.«

Wie Menschen in einem bestimmten Land miteinander umgehen, mag auch etwas mit der Religion zu tun haben, die in diesem Land die wichtigste ist. Aber es ist viel zu einfach, alles mit der Religion zu erklären – auch die Frage, welche Rechte ein bestimmter Teil der Bevölkerung hat. Egal ob es um die Rechte von Frauen oder um die Rechte anderer Gruppen in der Gesellschaft geht: Daran, ob jemand Rechte erhält oder sich erkämpfen kann, sind viele Faktoren beteiligt. Die Frage, zu welchem Gott die Menschen beten, spielt dabei nur zum Teil eine Rolle.

Das zeigt sich sehr hübsch an einer kleinen Zeittafel zur Einführung des Wahlrechts für Frauen (man mag es heute kaum noch glauben, aber bis vor gar nicht langer Zeit waren politische Abstimmungen reine Männersache):

**Einführung allgemeines Wahlrecht für Frauen –
eine kleine Auswahl:**

1906: Finnland	1930: Türkei
1918: Österreich	1933: Spanien
1919: Deutschland	1971: Schweiz
1928: Großbritannien	1990: Schweizer Kanton
	Appenzell Innerrhoden

Diese Tafel zeigt einen Befund, der durchaus überraschen kann. Das allgemeine Wahlrecht für Frauen in der islamischen Türkei ist in etwa zur gleichen Zeit eingeführt worden wie im christlichen Großbritannien. Und auch gegenüber Deutschland und Österreich lag die Türkei nur wenige Jahre zurück. Spanien hat sogar drei Jahre länger gebraucht als die Türkei, um Frauen – zumindest offiziell – umfassend an demokratischen Entscheidungen zu beteiligen. Und die Schweiz war, je nachdem, wie man rechnet, 40 bzw. 50 Jahre später dran als die Türkei.

Kleine Quizfrage zwischendurch: Bis wann durften verheiratete Frauen in Deutschland nur arbeiten, »soweit dies mit ihren Pflichten in Ehe und Familie vereinbar ist«?

Antwort A: Dieser Frauen unterdrückende Gesetzesparagraph wurde 1377, im Mittelalter, abgeschafft.

Antwort B: Der Frauen verachtende Paragraph wurde 1777, in der Zeit kurz vor der Französischen Revolution, abgeschafft.

Antwort C: Dieser abstruse Paragraph war noch im Jahr 1977 gültig und wurde erst dann aus dem Bürgerlichen Gesetzbuch gestrichen.

Man mag es kaum glauben: Antwort C ist richtig. Erst seit dem Jahr 1977 dürfen verheiratete Frauen in Deutschland einen Arbeitsvertrag abschließen, ohne dass ihr Ehemann es ihnen verbieten kann.

Es ist nicht das Tuch, das stört.

Es klingt also auf den ersten Blick nachvollziehbar, wenn jemand behauptet, er habe im Interesse der Frauen etwas dagegen, dass türkische, bosnische oder auch afghanische Frauen Kopftücher tragen. Schließlich kann man ja diese Kopftücher als Zeichen der Unterdrückung von Frauen und Mädchen deuten. Doch die Sache mit der Unterdrückung ist etwas komplizierter, als es erst einmal scheint. Um gut begründen zu können, was einen an Kopftüchern stört, müsste man sich also schon etwas mehr Mühe machen, als zu behaupten: »Das Tuch unterdrückt.«

Doch diese Mühe machen sich viele christliche oder atheistische Europäer nicht so gern. Und so liegt eine ganz andere Erklärung nahe, warum sich viele Leute an Kopftüchern stören. Die Tücher sind ein Zeichen dafür, dass jemand zu einer bestimmten Gruppe gehört. Und verschiedene Gruppen der menschlichen Gesellschaft, die sich voneinander abgrenzen, geraten immer mal wieder aneinander. Diese Beobachtung ist so alt wie die Menschheit.

Ipek beispielsweise trägt ihr Kopftuch, weil es ein Zeichen dafür ist, dass sie ihre Wurzeln in der Türkei hat. Trotzdem fühlt sie sich auch als Deutsche. Sie sagt: »Ich spreche Deutsch, ich habe einen deutschen Pass. Das genügt aber nicht. Das Kopftuch stört noch. Aber was ist denn, wenn ich es abnehme? Dann sieht man pechschwarze Haare. Soll ich die blond färben lassen?« Ipek ist also das, was man *integriert* nennt. Aber sie ist nicht bereit, sich zu *assimilieren*.

Kowalski? Du bist ja wohl Ausländer, oder?

Von *Assimilation* sprechen Gesellschaftsforscher, wenn sich eine Bevölkerungsgruppe, die sich zunächst vom Rest der Bevölkerung unterscheidet – beispielsweise durch Sprache, Religion oder bestimmte Gebräuche –, mehr oder minder komplett an die Mehrheit angleicht. Ein Beispiel für Assimilation in Deutschland sind die sogenannten »Ruhrpolen«. Im 19. Jahrhundert sind Hunderttausende Männer und Frauen aus Polen ins Ruhrgebiet eingewandert. Es gibt Statistiken, wonach in Städten wie Gelsenkirchen oder Wattenscheid zeitweise mehr als ein Fünftel der Einwohner Polen waren. Sie wurden vor allem als Arbeitskräfte für den Kohlebergbau angeworben. Namen wie Kowalski, Schimanski oder Matussek zeigen noch, wer polnische Urgroßeltern oder Ururgroßeltern im Stammbaum hat. Ansonsten wird man sich schwertun, Unterschiede zu irgendwelchen Schröders, Bauers oder Schmidts zu finden.

Wäre es also nicht denkbar, dass sich auch Türken, Bosnier oder Iraker in Deutschland zügig assimilieren? Dass bald schon der einzige Unterschied zu ihrer Umgebung in ihren Nachnamen besteht – so wie bei den polnischstämmigen Einwanderern früherer Jahrhunderte? Es gibt dabei erst einmal einen Unterschied. Die »Ruhrpolen« waren fast zu hundert Prozent Katholiken. Beim Gang in die Kirche hatten sie also schon mal keine Probleme, sich unter die katholischen Rheinländer zu mischen.

Wenn es darum geht, ob eine Bevölkerungsgruppe sich assimiliert, stellt sich aber auch die Frage: *Warum* sollten Türken, Bosnier oder Iraker das tun? Sie würden darauf verzichten, sich einer bestimmten Gruppe zuordnen zu können. Doch genau das ist ein Bedürfnis, das tief im Menschen verankert ist.

Welcher Gruppe (oder auch welchen Gruppen, es können ja mehrere sein) sich jemand zuordnet, ist ganz unterschiedlich. Die einen legen vor allem Wert darauf, dass sie Bayern sind und Dialekt sprechen. Die anderen definieren sich darüber, dass sie Fans einer bestimmten Fußballmannschaft sind. Wieder andere legen Wert darauf, dass sie fromme Christen sind. Und wieder andere definieren sich darüber, dass ihre Familie ihre Wurzeln außerhalb Deutschlands hat. Beispielsweise in einem Land, in dem die Mehrheit der Bevölkerung moslemisch ist. Nicht finden wird man wohl jemanden, der über sich selbst sagt: »Ich gehöre nirgends dazu, ich bin nichts weiter als einer von sieben Milliarden Menschen.«

Und selbst wenn jemand – ganz *autonom* – festlegen wollte, dass er nirgends dazugehört, würde er sich damit in die Tasche lügen. Vom Moment der Geburt an, wenn nicht sogar schon im Mutterleib, wird jeder Einzelne zu dem Menschen geformt, der er am Ende ist. Und dieses *Formen* übernehmen andere Menschen. Diesem Geformtwerden – der *Sozialisation* – kann sich niemand entziehen. Auch du nicht, liebe Leserin und lieber Leser. Und die Sozialisation hört nie auf. Die anderen machen dich. Fertig.

Kapitel Sechs

They fuck you up, your mom and dad.

Wie Menschen zu dem werden, was sie sind.
Und wie Regeln in unsere Köpfe kommen.

»*ICH BIN ICH!*« Mit diesem Satz konnte man vor gut 30 Jahren in einer bayerischen Kleinstadt einen mittelalten Mann immer wieder abends durch die Straßen ziehen hören. Er sang nicht den gleichnamigen Song von *Rosenstolz* aus dem Jahr 2006. Der Mann war vielmehr schwer betrunken. Man kann vermuten, dass er auch einen Grund hatte, sich immer wieder zu betrinken: Der auf den ersten Blick ein bisschen lächerliche Satz – »Ich bin ich« – war für ihn unglaublich wichtig. Er hatte auf die Frage »*Wer* bin ich?« wahrscheinlich keine Antwort. Deswegen hat er sich so lange zugeschüttet, bis alle Zweifel über diese Frage im Alkohol ertränkt waren. Dann konnte er zufrieden grölen: »*ICH* BIN ICH!«

Wer über die Frage »Wer bin ich eigentlich?« noch nie in finsteres Grübeln gekommen ist, der kann sich glücklich schätzen. Allerdings kann einen dieses Grübeln auch bereichern. Es muss ja nicht unbedingt finsteres Grübeln sein. Es kann auch ein Gedankenspiel sein. Ein lehrreiches.

Unternehmen wir zum Beispiel folgendes Gedankenspiel. Fragen wir uns: »Was wäre aus mir geworden, wenn ich in einer ganz anderen Familie aufgewachsen wäre? In einem ganz anderen Land?« Man kann diese Frage recht gut an einem Mann durcharbeiten, der im Jahr 2011 deutscher Wirtschaftsminister und Vorsitzender einer deutschen Regierungspartei wurde.

Dieser Mann mit dem Namen Philipp Rösler wurde in Vietnam geboren, als Kind vietnamesischer Eltern. Wer diese Eltern waren, weiß er nicht. Er lebte zunächst als Waisenkind in einem Heim. Dort wurde er von einem deutschen Ehepaar adoptiert und kam nach Deutschland. Wie aber hätte sein Leben ausgesehen, wenn das nicht geschehen wäre? Wenn er in Vietnam geblieben und dort aufgewachsen wäre? Wäre er auch dann irgendwann zu einem der wichtigsten Politiker in einem der reichsten und mächtigsten Länder der Welt geworden?

Länder machen Menschen.

Sicher ist: Wenn der Mann, der heute Philipp Rösler heißt, in Vietnam geblieben wäre, hätte er einen anderen Vornamen bekommen. Zum Beispiel *Hùng*, das ist ein gängiger Name dort. Er hätte außerdem als Kleinkind Vietnamesisch sprechen gelernt. Er wäre in einem vergleichsweise armen Land mit einem sozialistischen Wirtschafts- und Staatssystem aufgewachsen. Er hätte also mit Sicherheit ein völlig anderes Leben geführt als das, das er ab seiner frühen Kindheit in Deutschland führte.

Hier in Deutschland wurde er Philipp gerufen und nicht *Hùng*. Hier lernte er Deutsch, die Sprache seiner Adoptiveltern. Vietna-

ALS ICH 14 WAR

STUNDEN VERGINGEN OHNE JEDE BEWEGUNG, ABER NICHT MEDITIEREND ODER SO...

... ODER MIT TRÄNEN-AUSBRÜCHEN.

mesisch, die Sprache seiner leiblichen Eltern, von denen er bis heute nichts weiß, ist ihm völlig fremd. Er schlug einen Weg ein, der für ein Kind aus einem gebildeten, wohlhabenden deutschen Elternhaus typisch ist: Gymnasium, Universität. Er hatte alle

Möglichkeiten, seine politischen Talente zu entwickeln, und war im Alter von etwa 40 Jahren Spitzenpolitiker.

Ob er auch, wenn er in Vietnam geblieben wäre, Medizin studiert hätte oder etwas anderes? Ob er es geschafft hätte, an die Spitze der Gesellschaft aufzusteigen? An die Spitze der Gesellschaft in Vietnam? Man weiß es nicht. Es ist eher unwahrscheinlich. Denn er kam ja als Baby nach Deutschland, weil für die Verantwortlichen des Waisenhauses, in dem er lebte, eines klar war: Im fernen Deutschland würde dieses Kind ein besseres Leben haben als dort, wo es geboren wurde. In Vietnam gab es keine Perspektive für diesen Menschen. In Deutschland standen ihm viele Wege offen. Er konnte seinen Weg machen.

Und noch eines ist sicher: Wenn heute Philipp Rösler »ich« sagt, dann spricht da eine ganz andere Person als die, die er geworden wäre, wenn man ihn in Vietnam gelassen hätte. Wenn er dort geblieben wäre, wo er geboren wurde, dann hätte er zwar das gleiche Gesicht. Er hätte wohl auch die gleiche Stimme (mit der er aber in einer anderen Sprache sprechen würde). Er hätte womöglich auch das gleiche ruhige, besonnene Auftreten, für das er in der deutschen Politik bekannt wurde. Aber er wäre trotzdem ein ganz anderer Mensch geworden.

Diesem Menschen sind natürlich nicht nur sein Äußeres, sondern auch Teile seiner Persönlichkeit bei der Geburt mehr oder minder unveränderlich mitgegeben worden. Wissenschaftler sind heute sicher, dass nicht nur die Farbe der Haut, der Augen oder der Haare von Anfang an vorgegeben ist. Auch die Intelligenz ist zu einem beträchtlichen Teil in den Erbanlagen festgeschrieben. Die Frage, zu was für einem Menschen sich jemand entwickelt, wird ebenfalls zu einem beträchtlichen Teil durch die Gene beantwortet. Wie groß dieser in Erbanlagen festgelegte Teil der Persönlichkeit ist, darüber gibt es unter Forschern unterschiedliche Auffassungen. Eines aber ist sicher: Das in Genen festgeschriebene biologische Erbe, das ein Mensch mit sich herumträgt, macht nur zu einem Teil seine Persönlichkeit aus.

Die Frage »Wer werde ich einmal sein?« wird also in einem ganz beträchtlichen Ausmaß *nicht* dadurch beantwortet, mit welchen genetischen Erbanlagen jemand auf die Welt kommt. Sie ist vielmehr zu einem großen Teil auch über die Familie zu klären, in die jemand hineingeboren wird. Über die Freunde, die er als Kind, Jugendlicher und Erwachsener hat. Über die Leute in dem Stadtviertel oder Dorf, in dem er aufwächst. Über die Arbeitskollegen und Chefs, die er hat. Über die Religion, der seine Familie möglicherweise anhängt. Und über viele, viele andere Faktoren. Welche Person jemand ist, was für eine Persönlichkeit er hat, hängt ganz wesentlich von seiner *Sozialisation* ab.

Wachsen heißt Hineinwachsen.

Menschen werden vom ersten Augenblick ihres Lebens bis zu ihrem letzten Atemzug von anderen geformt. Oder wissenschaftlich ausgedrückt: Sie werden *sozialisiert*. Zunächst übernimmt das vor allem die Familie. Mutter, Vater oder auch Geschwister haben an ein Neugeborenes von Anfang an bestimmte *Erwartungen*, wie es zu sein hat. Ähnelt das Baby nicht der Mama? Hoffentlich wird es so hübsch wie sie! Ist es so jähzornig wie der Opa? Hoffentlich

AN DEN SMILEYS ERKANNTE ICH GLEICH, DASS ICH KEINE BESTE FREUNDIN MEHR HATTE.

wird es nicht so aufbrausend wie der! Vom ersten Moment an geben andere dem Säugling vor, in welche Richtung er sich entwickeln soll oder sich besser nicht entwickeln soll. Und das Kind bekommt, ohne darüber nachzudenken, mit, welche Regeln gelten. Sogar dann, wenn sich diese Regeln nicht besonders einfach erklären lassen.

Dutzi, Dutzi – Du? Sie?

Wie Menschen Regeln aufnehmen, ohne dass sie ihnen jemand ausdrücklich beibringt, lässt sich gut beobachten, wenn sich deutschsprachige Kinder daran herantasten, wann man jemanden mit »Sie« anreden sollte. Ein Kleinkind, das mit zwei oder drei Jahren sprechen lernt, duzt erst einmal alle und jeden – die Mutter genauso wie die 60-jährige Verkäuferin im Supermarkt. Irgendwann aber hört das Kind auf, alle zu duzen. Und zwar meistens, ohne dass die Mutter ihm sagen muss: »Die Verkäuferin wird aber gesiezt.« Ganz unbewusst filtert das Kind aus dem Verhalten der andern heraus, wer geduzt und wer gesiezt wird. Wenn die Regeln erkannt sind, ist es dann eine Weile erst mal wieder einfach. Das Kind (oder auch der Jugendliche) weiß: Erwachsene, die nicht zur Familie oder zum Freundeskreis gehören, siezt man. Gleichaltrige Kinder (oder Jugendliche) hingegen werden geduzt. Ab einem gewissen Alter wird es aber erneut schwierig. So um den 16. Geburtstag herum wird von den Erwachsenen signalisiert: Jetzt kommt das Alter, in dem der junge Mensch ein Recht hat, selbst gesiezt zu werden. Vor den Sommerferien wird die Neuntklässlerin von den Lehrern noch mit »du« angesprochen. Sechs Wochen später, in der zehnten Klasse, mit »Sie«. Doch die 16- oder 17-Jährigen untereinander duzen sich natürlich immer noch. Aber wie ist es, wenn eine 17-Jährige zur Bank geht, um etwas mit ihrem Teenager-Konto zu regeln? Die junge Frau, die ihr gegenübersteht, sieht keinen Tag älter aus als sie selbst, zumindest was das Gesicht angeht. Nur das Kostüm, das sie trägt, lässt sie älter erscheinen. Wahrscheinlich macht sie eine Lehre als Bankkauffrau. Auf einer Party oder am Strand würden sich die zwei ganz klar duzen. Aber über den Banktresen hinweg? Schwierig, schwierig. Glücklicherweise gibt es ja viele Möglichkeiten, sich ums »du« oder »Sie« herumzustehlen.

Jeder beeinflusst also jeden in seinem Verhalten. Wenn dann noch ein mehr oder weniger bewusster Plan dahintersteht, der sich als solcher erkennen lässt, nennt sich das Ganze – auch im wissenschaftlichen Sprachgebrauch – *Erziehung*. Wobei die Grenzen fließend sind. Wenn ein Kind hundertmal oder tausendmal hört: »Beim Essen redet man nicht«, wird es irgendwann die Lektion gelernt haben. Das ist ohne Zweifel Erziehung. Aber auch wenn die Eltern laufend sagen, dass Bücher etwas Feines sind, Literatur das Leben bereichert und man Thomas Mann und William Shakespeare einfach kennen *muss*, lernt das Kind seine Lektion. Selbst wenn es da nicht um bewusste Erziehung geht.

Ein kleiner dichterischer Beitrag zum Thema »Sozialisation«
Philip Larkin: This Be The Verse (1971) –
die erste von drei Strophen …

They fuck you up, your mum and dad.
They may not mean to, but they do.
They fill you with the faults they had
And add some extra, just for you.

Von Ma und Paps wirst du versaut.
Auch wenn sie's nicht so meinen,
bekommst du ihre Fehler eingebaut,
plus Nachschlag, »für den Kleinen«.

Peers machen Leute.

Eltern überschätzen ihren Einfluss allerdings immer mal wieder. Das oben erwähnte Kind wird vielleicht zwar die Namen von Thomas Mann und William Shakespeare behalten. Und es wird lernen, dass man die kennen *sollte*. Dennoch könnte es sein, dass der Sprössling niemals etwas von Mann oder Shakespeare liest. Unter anderem, weil seine Freundinnen und Freunde das auch nicht tun.

Eines gilt unter Fachleuten inzwischen als Fakt. Für Kinder und Jugendliche ist schon ab einem relativ frühen Alter vor allem *eine* Sorte von Menschen besonders wichtig, wenn es um die Sozialisation geht: andere Kinder und Jugendliche. Amerikanische und englische Forscher haben den Begriff der *Peers* geprägt. Das sind Leute, die das gleiche Alter und/oder den gleichen Rang haben wie man selbst. Wenn eine 15-Jährige ihre Hosen oder Ohrringe aussucht, dann wird sie sich weniger daran ausrichten, was ihrer Mutter gefällt. Sie wird im Kopf haben, was andere Mädchen ihres Alters so tragen. Vor allem, was ihre Freundinnen tragen. Sie richtet sich nach ihrer *Peer-Group*. Das gilt natürlich nicht nur für Kleidung oder Schmuck, sondern auch für alle anderen Bereiche des Lebens. Von der Frage, ob man gegen Nazis demonstrieren sollte, bis zur Frage, wann das richtige Alter ist, um das erste Mal mit jemandem zu schlafen.

Hört das nie auf?

Bei der Antwort auf die Frage »Wer bin ich?« spielt also vor allem eine Anschlussfrage eine Rolle: »Wer hat mich *sozialisiert?*« Und diese Frage stellt sich immer wieder von Neuem. Wer mit Anfang dreißig, nach einer langjährigen Berufsausbildung und vielleicht mit eigener Familie, glaubt, fertig entwickelt zu sein, täuscht sich. Stellen wir uns zwei Freunde vor, nennen wir sie Moritz und Max. Sie sind beide 26 Jahre alt, sie haben an der Uni gemeinsam Soziologie studiert, haben vier Jahre zusammen in einer Wohngemeinschaft gelebt. Sie waren mal in die gleiche Mitstudentin verliebt. Die wollte von beiden nichts wissen. Am Ende ihres Studiums sind Moritz und Max fest davon überzeugt, dass sie einen ziemlich ähnlichen Blick auf die Welt haben.

Moritz verschlägt es nun nach Düsseldorf zu einer Unternehmensberatung. Er geht jeden Tag mit Anzug und Krawatte ins Büro, verbringt den größten Teil seiner Zeit am Computer und in Meetings. Er hantiert schon bald mit millionenschweren Finanzplanungen und entscheidet vom Schreibtisch aus darüber mit, ob Hunderte oder gar Tausende Menschen ihren Arbeitsplatz behalten oder verlieren. In der Kantine stellt er bald fest, dass er unter den Kollegen fast der Einzige ist, der nicht Jura oder BWL studiert hat, und er auch mit seinen politischen Überzeugungen ziemlich allein dasteht. Aber das macht nichts. Denn ebenso wie die Juristen und BWLer gehört er jetzt ja zu einer neuen Gruppe: den Unternehmensberatern.

Dementsprechend verhält er sich irgendwann auch in den Kantinengesprächen oder bei den Party-Small-Talks. Dass man selbst bei Partys Krawatte tragen kann oder sogar soll, findet er am Anfang ungewöhnlich. Aber schließlich gewöhnt er sich dran. Genauso wie er sich dran gewöhnt, dass es bei Kongressen nur eine Farbe für den Anzug gibt: Schwarz. Oder Grau, das so dunkel ist, dass es im Congress Center wie Schwarz aussieht. Dass seine Firma den Kunden für eine Arbeitsstunde, die er leistet, 400 Euro in Rechnung stellt, wundert ihn nur am Anfang. Dann gewöhnt er sich dran. Und irgendwann denkt er, dass seine Arbeitszeit auch so viel wert ist.

Max schlägt einen anderen Weg ein. Er bekommt eine Stelle bei der Sozialverwaltung in Bremen. Er arbeitet in einem *Brennpunktviertel* mit Jugendlichen, die entweder schon straffällig geworden sind, oder bei denen man befürchtet, dass sie es bald werden. Er hat mit lauter 12-, 13- oder 14-Jährigen zu tun, deren Eltern (und oft auch schon Großeltern) von *Stütze* leben. Die jungen Leute stellen Max manchmal Fragen, die ihn nachdenklich machen. Etwa die Frage, ob er es nicht versteht, wenn sie mal unbeobachtet etwas klauen. Wenn sie mal etwas Verbotenes tun, um die 400 Euro im Monat aufzubessern, mit denen ihre Mütter über die Runden kommen sollen (die Väter haben sich meistens aus dem Staub gemacht). Dann weiß Max mitunter nicht so recht, was er antworten soll. In der Kantine sitzt Max fast ausschließlich mit anderen gelernten Soziologen und Pädagogen zusammen. Krawatte oder gar einen Anzug trägt außer dem Behördenchef keiner.

Kann man sich vorstellen, dass Moritz und Max, wenn sie sich zehn Jahre nach dem Ende ihres Studiums wiedertreffen, immer noch den gleichen Blick auf die Welt haben? Eher nicht. Sie sind auch als Erwachsene immer weiter in eine bestimmte Richtung sozialisiert worden. Gesellschaftswissenschaftler sprechen daher von bis zu vier verschiedenen Stufen der Sozialisation: Sie beginnt mit der *primären* Sozialisation, die meist in der Familie stattfindet. Darauf folgt die *sekundäre* Sozialisation, etwa in der Schule und durch Freunde. Daran schließt sich die *tertiäre* Sozialisation an, vor allem im Beruf. Am Ende steht möglicherweise eine *quartäre* Sozialisation, etwa als Bewohner eines Altenheims. Die Frage »Wer bin ich?« macht also den Weg frei für eine ganze Reihe von Überlegungen. Das Gleiche gilt für die Frage »Wer handelt, wenn ich handle?«

DAS SPANNENDE BEI MEINEN ELTERN IST, WER WIEDERHOLT SICH ALS ERSTER UND WELCHE VON DEN GESCHICHTEN, DIE ICH SCHON KENNE, WIRD ES SEIN!?

Kapitel Sieben

Bin ich ich?

Wie man auf die Idee kommen kann, einen Menschen in viele Teile zu spalten. Warum einer drei ist. Mindestens. Und was der große Philosoph Kant mit Sonnenblumen zu tun hat.

Wie lautete noch mal der Schlusssatz des letzten Kapitels? »*Wer handelt, wenn ich handle?*« Ausgesprochen blöde Frage, könnte man da erst mal sagen. Wenn *ich* handle, handle natürlich *ich*. Also, was soll die Frage?

Nun, so einfach ist es nicht mit dem *Ich*. Schon seit geraumer Zeit unterteilen Psychologen und Soziologen die Persönlichkeit des Menschen in mehrere Teile. Und sie haben gute Gründe dafür. Die Überlegung dahinter ist Folgende: Die meisten Menschen erleben sich zunächst einmal als jemanden, der »ich« sagen kann. Sie erleben sich als bewusst handelnde Person. Diese Wahrnehmung bezeichnete der Psychologe Sigmund Freud vor gut hundert Jahren – durchaus naheliegend – als »Ich«. Daneben beeinflussen aber auch *unbewusste* Regungen den Menschen. Freud sprach hier vom »Es«.

Der Gründervater der modernen Psychologie hätte sich wahrscheinlich nicht träumen lassen, dass es später mal einen überaus erfolgreichen Horror-Roman namens »Es« geben würde und auch einen zugehörigen Gruselfilm. Aber ein Zufall ist es nicht, dass der Thriller-Autor Stephen King sich für diesen Titel entschied. »Es« – das hat etwas Unheimliches, nicht wahr? Unheimlich ist vielen Menschen auch das, was Sigmund Freud als »Es« beschrieb: starke, oftmals sehr starke Kräfte, die vor allem aus dem Bereich der Sexualität kommen. Kräfte, die eben nicht das Gleiche sind wie das »Ich«, das bewusst vor sich hindenkt. Und vor sich hinsteuert.

Aber damit nicht genug. Zur Persönlichkeit jedes Menschen gehört nach Ansicht Freuds noch ein dritter, ausgesprochen wichtiger Teil: die Vorschriften und Normen, die Menschen von Kindesbeinen an in sich aufsaugen. Sie bilden in Freuds Sprache das »Über-Ich«. Es flüstert sozusagen jedem laufend ein, was man tun sollte. Auch wenn das eigene *Ich* (und vor allem das *Es*!) das vielleicht gerade ganz anders sieht. Das Über-Ich sagt: »Sei brav. Sei gut. Oder hab wenigstens ein schlechtes Gewissen, wenn mal wieder das *Es* dafür gesorgt hat, dass du nicht brav bist.«

Andere Wissenschaftler haben andere Begriffe und Einteilungen gewählt, um zu beschreiben, wie sich die Persönlichkeit der Menschen zusammensetzt. Aber sie sind sich mit Sigmund Freud in einem einig: Die Persönlichkeit eines Menschen ist kein einheitlicher Block. Sie lässt sich in verschiedene Teile und Aspekte untergliedern. Und die Persönlichkeit verändert sich laufend. Wenn Menschen Normen und Regeln in sich aufnehmen, werden sie also zu anderen Menschen. Und diese anderen Menschen nehmen neue Regeln und Normen wieder auf andere Weise auf. Aus dieser Nummer kommt keiner raus.

Die Leiter des Regeln-Verstehens

Werfen wir also einen Blick auf den Anfang der ganzen Sache. Warum befolgen kleine Kinder Verbote (wenn sie sie befolgen)? Üblicherweise aus Angst vor Strafe. Oder weil sie nicht wollen, dass ihre Eltern sauer auf sie sind. Was aufs Gleiche rauskommt. Denn kleine Kinder empfinden das Sauersein der Eltern als Bestrafung. Stellen wir uns den dreijährigen Simon vor. Er möchte gern mit der gelben Schaufel spielen, die gerade ein anderes Kind in der Hand hält. Er nimmt sie dem Kind weg. Das findet er logisch. Denn er möchte die Schaufel ja haben. Und als er sie dem andern Kind wegnimmt, erreicht er dieses Ziel. Trotzdem gehorcht er seiner Mutter, als sie sagt: »Gib Nadine die Schaufel zurück!« Simon macht das nicht, weil er den Sinn dieser Anweisung versteht. Im Gegenteil. Er findet eigentlich, dass die Schaufel in seiner eigenen Hand prima aufgehoben ist. Wenn er sie trotzdem an Nadine zurückgibt, tut er das, weil er nicht möchte, dass Mami böse wird. Er hat – in der Fachsprache – Angst vor *negativen Sanktionen*.

Wenn wir uns eine Leiter vorstellen, die den Umgang mit Regeln beschreibt, ist ganz klar: Dieser Dreijährige, der aus purer Angst die schöne Schaufel wieder aus der Hand gibt, steht auf der gedachten Leiter noch ganz unten. In der Sprache der Wissenschaftler befindet er sich auf der *präkonventionellen Stufe*.

Die meisten Kinder erklimmen glücklicherweise bald schon die *konventionelle Stufe*. Sie befolgen Regeln nicht nur, weil sie Angst vor Sanktionen haben. Sie folgen Regeln, weil sie gelernt und akzeptiert haben: »Das macht man so.« Die Regeln werden inter-

ER IST ABSOLUT UNBESTECHLICH. ICH STECKE IHM EINFACH WAS IN DIE GESÄSSTASCHE, OHNE DASS ER'S MERKT. SEINE FRAU FINDET'S IN DER WÄSCHE UND LEGT EIN GUTES WORT FÜR MICH EIN.

nalisiert, also im Innern eines Menschen verankert. Das gilt auch für Regeln, die zu ganzen Gruppen gehören. Wenn Donald Ducks Neffen Tick, Trick und Track als Pfadfinder gute Taten vollbringen wollen, dann deshalb, weil sie wissen: »Gute Pfadfinder machen das so.«

Aber der Mensch schreitet ja fort in seiner Entwicklung. Viele bleiben zwar auch als Erwachsene da hängen, wo Tick, Trick und Track stehen. Doch mancher kommt über diese Ebene hinaus. Dann erklimmt er als höchste Entwicklungsebene die *postkonventionelle Stufe*. Wer von Wissenschaftlern in diese Kategorie eingeteilt wird, sucht beim Befolgen von Regeln stets nach Begründungen für diese Regeln. Beispielsweise indem er sich die Frage stellt: »Was würde passieren, wenn sich alle so verhielten, wie ich es gerade tun will?«

Wenn man möchte, kann man mit dieser Frage bei jeder einzelnen Handlung Stunden über Stunden verbringen. Das muss man aber nicht unbedingt. Denn das machen ja seit vielen Jahrhunderten schon andere Leute, Philosophen zum Beispiel. Einer der ehrfurchtgebietendsten von ihnen, Immanuel Kant, hat die Sache andersherum formuliert. Er hat einen Befehl ausgegeben, den seiner Ansicht nach alle klugen Menschen befolgen sollten. Zumindest klingt die Überschrift seines ultimativen Ratschlags nach Befehl. In seinem *Kategorischen Imperativ* formuliert Kant das »Grundgesetz der reinen praktischen Vernunft«. Es lautet: »*Handle so, dass die Maxime deines Willens jederzeit zugleich als Prinzip einer allgemeinen Gesetzgebung gelten könne.*«

Von Kant zur Sonnenblume

Über diesen Satz kann man lange nachdenken. Man kann aber auch versuchen, ihn auf den Boden der Tatsachen zu holen. Auf den Boden eines Blumenfelds zum Beispiel. Wer die größeren Städte Deutschlands ab und zu verlässt, wird irgendwann auf Felder stoßen, auf denen man zwischen Frühling und Herbst Nelken, Lilien oder auch Sonnenblumen selbst abschneiden und mitnehmen kann. Die Leute, die solche Selbstpflück-Felder anlegen, stellen üblicherweise eine Geldsammel-Box auf. An die schreiben sie, dass jeder, der Blumen mitnimmt, dafür bitte eine bestimmte Summe bezahlen soll.

Wer auf der (*präkonventionellen*) Stufe eines Kindes ist und den geforderten Betrag in die Geldsammel-Box wirft, der tut das, weil er Angst hat. Angst, dass ihn jemand beim Blumenschneiden beobachtet. Angst, dass ihm jemand – falls er ohne zu zahlen weggehen will – auf die Schulter tippt und fragt: »Was machen Sie da eigentlich?« Oder aber er zahlt nichts oder nur ein paar Cent, weil er ziemlich sicher ist, dass ihn niemand beobachtet, er also nicht erwischt wird.

Wer auf der *konventionellen* Stufe steht, dem sagt seine innere Stimme: »Die Blumen mitzunehmen, ohne zu zahlen, wäre Klauen. Und Klauen gehört sich nicht.« Deshalb wirft er Geld in die Box.

Wer schließlich die *postkonventionelle* Stufe erklommen hat, würde etwas für die Blumen zahlen, weil er an den *Kategorischen Imperativ* denkt und sich sagt: »Wenn jeder zugreift, wie es ihm gefällt, dann gibt es irgendwann keine Blumen mehr, die man sich selbst günstig abschneiden kann. Denn dann lohnt es sich für den Besitzer des Feldes nicht mehr, dieses schöne Angebot zu machen. Daher sollten alle die Blumen bezahlen. Also auch ich.«

Ziemlich konventionell – Kleine Wortkunde zur *Konvention*

Wenn früher die alten Römer zusammenkamen, um sich über etwas zu verständigen, dann hieß das *convenire* (von *venire* »kommen« und der Vorsilbe *con-* »zusammen«). Was dabei herauskam, war die *conventio*. Das Wort hat die Römer in vielen Sprachen überlebt. Wenn es in einer Gruppe von Menschen eine Übereinkunft gibt, dass man etwas so machen sollte und nicht anders, dann ist von einer *Konvention* die Rede. Aber auch Rechtsabkommen können so heißen, beispielsweise die *Genfer Konvention*. In ihr sind Regeln festgelegt, was in Kriegen erlaubt ist und was nicht. Was sich nach Konventionen richtet, ist also *konventionell*. Ein Wort, das nicht immer einen guten Beiklang hat. Wenn der Chef über den Lösungsvorschlag eines Mitarbeiters sagt, »das ist aber ziemlich konventionell«, dann ist das nicht als Lob gemeint.

Warum an Regeln halten?

Es geht also immer wieder um die Fragen: »Soll ich mich an Regeln halten? Und wenn ja, warum?« Auf diese Fragen Antworten zu geben, ist nicht immer einfach. Nicht nur Kindern fällt es schwer, sich nach Immanuel Kants *Kategorischem Imperativ* zu richten. Auch Erwachsene haben oft Probleme damit. Nehmen wir beispielsweise die Frage »Soll ich das Finanzamt bescheißen, wenn ich sicher sein kann, dass mich niemand erwischt?« Eine Antwort könnte lauten: »Aber sicher, dann bleibt dir mehr Geld für dich!«

Die *postkonventionelle* Antwort hingegen könnte lauten: Wenn das alle machen, nimmt der Staat wesentlich weniger Steuern ein. Mit der Folge, dass der Staat vielleicht weniger Straßen baut, dass er Lehrer und Polizisten rausschmeißt, dass er das Kindergeld kürzt und so weiter. Dann allerdings beschweren sich die Steuer-Bescheißer über schlechte Straßen, über zu große Schulklassen für ihre Kinder und darüber, dass kein Polizist in der Nähe ist, wenn ihnen ein Taschendieb den Geldbeutel klaut. Oder darüber, dass sie für ihre Brut weniger Kindergeld bekommen.

Das Problem dabei ist: Wenn der Steuer-Bescheißer 500 Euro sparen kann, dann hat er die nun mal sofort und sicher. Und er kann sich dafür eine nette Woche auf Mallorca leisten. Wenn der Steuer-Bescheißer die 500 Euro dem Staat lässt, weiß er nicht, ob er selbst etwas von diesem Geld hat. Er weiß nicht, ob er irgendwann auf einer Straße fährt, die damit repariert wurde. Ob damit ein Teil des Gehalts eines zusätzlichen Lehrers für die zu große Schulklasse seiner Kinder bezahlt wird. Ob er jemals einen Polizisten braucht, der ihm in irgendeiner Situation zur Seite steht. Es könnte sogar sein, dass er sich über Polizisten öfter ärgert, als er sie herbeisehnt. Dass es ihm also lieber ist, wenn es weniger Polizisten gibt. Sicher ist nur: Nach Mallorca fahren kann er nicht, wenn er das Geld dem Staat lässt.

Tut es jemandem weh, wenn Jenny mit Antonio knutscht?

Endgültig vertrackt wird es, wenn es nicht um einen Schaden am Körper oder um das Eigentum anderer Menschen geht, sondern um deren Gefühle. Beispiel Treue: In den allermeisten Kulturen gilt es als ausgemachte Sache, dass jemand, der mit jemand anderem ein Paar bildet, sich nicht mit anderen Frauen bzw. Männern einlassen sollte. Dieses Treue-Gebot (oder Fremdgeh-Verbot) kann aber ganz unterschiedliche Formen annehmen. In islamischen Ländern, die das drastische Regelwerk der Scharia anwenden, kann es passieren, dass Ehebrecher zum Tode verurteilt werden. Wenn man Angst haben muss, durch Steinigung getötet zu werden, fällt es nicht schwer, der Versuchung zum Fremdgehen zu widerstehen. Da braucht man nicht groß danach zu streben, die »postkonventionelle Stufe« beim Regeln-Beachten zu erklimmen. Da bleibt man aus Angst um sein Leben treu.

Auch in Deutschland war Ehebruch bis 1969 strafrechtlich verboten, wenn auch nie so drastische Strafandrohungen wie die Todesstrafe mit diesem Verbot verbunden waren. Seit 1969 aber machen sich Eheleute durch einen Seitensprung nicht mehr strafbar. Und was Paare, die nicht verheiratet sind, außerhalb ihrer Beziehung unternehmen, interessiert die deutschen Gesetze schon gar nicht. Wenn die 16-jährige Jenny nicht mit ihrem Freund rumknutscht, sondern mit einem Urlaubsflirt, dann will davon sicherlich kein Richter irgendwas wissen.

So müssen in Ländern wie Deutschland Männer und Frauen, die als Ehepaar oder Liebespaar miteinander verbunden sind, immer wieder für sich selbst die Frage beantworten: Ist es

schlimm, wenn ich untreu bin? Wenn nein, warum nicht? Was ist wichtiger: die möglicherweise verletzten Gefühle meines Partners oder mein eigenes Bedürfnis, mich auszuleben? Und alle müssen sich die Frage stellen: Was ist denn Untreue? Ein Kuss? Viele Küsse? Oder geht die Untreue erst los, wenn es mehr wird? Oder ist es schon untreu, sich vorzustellen, wie es mit jemand anderem wäre?

Wenn man mit Regeln und Normen konfrontiert wird, ist es also nicht immer leicht, sich sowohl vernünftig als auch *autonom* zu verhalten. Was erklärt, dass auch viele Erwachsene beim Umgang mit Regeln und Normen wieder zu Dreijährigen werden und nach dem Motto handeln: »Wenn ich keine Angst haben muss, erwischt zu werden, mache ich, was mir gerade einfällt. Und wenn ich erwischt werde, fange ich erst mal an zu heulen.«

Von Kant zum Grundschul-Stundenplan

Es geht also immer um eine Frage: *Was soll ich tun?* Diese Frage ist einfach zu stellen. Antworten zu geben, ist oft – bringen wir es auf den Punkt – sauschwer. Wenn etwas schwer ist, hilft manchmal, sich erst einmal einen Fachbegriff dafür einfallen zu lassen. Die Frage »Was soll ich tun?« haben schon die alten Griechen unter einen Fachbegriff gestellt: *Ethik*. Und da steht er heute noch.

Ethik also. Klingt irgendwie gut, nicht wahr? Selbst Grundschulkinder bekommen das Wort mitunter in den Stundenplan geschrieben. Was aber an einer Sache nichts ändert: Unter den klugen Köpfen dieser Welt gibt es keine Einigkeit darüber, was Ethik überhaupt ist. Einigkeit gibt es nur über eines: Bei der Ethik geht es darum, mit dem *Verstand* zu arbeiten. Über die Frage »Was soll ich tun?« wird nachgedacht – nicht einfach nach dem Bauchgefühl entschieden.

Anders sieht es bei der *Moral* aus. Die klingt in den Ohren vieler Menschen ganz ähnlich wie die Ethik. Zwischen den beiden gibt es aber einen beträchtlichen Unterschied. Bei der Moral geht es in

aller Regel nicht um die Frage »Was soll *ich* tun?«, sondern um die Frage, »Was schreibt mir *die Moral* vor, dass ich tun soll?« Unterschied bemerkt? Bei der Moral geht es also um ein Gesetz, das sozusagen *über* den Menschen steht, über ihnen schwebt. Ein Gesetz, das nicht sonderlich viel mit Vernunft zu tun haben muss. Mitunter ein Gesetz, von dem es heißt, es sei von Gott gegeben.

Wenn jemand gegen ein solches (gottgegebenes) moralisches Gesetz verstößt, gibt es dafür einen eigenen Begriff: *Sünde*. Mit der Sünde ist es genauso wie mit der Moral – vernünftig über sie zu diskutieren, ist ausgesprochen schwierig. Denn die Regeln, gegen die jemand verstößt, wenn er sündigt, haben ja gerade nichts mit Vernunft zu tun. Sie sollen auch gar nichts mit Vernunft zu tun haben. Sondern mit göttlichem Willen.

Sünde und Moral klingen daher in den Ohren von Leuten, die aufs Denken Wert legen, nicht genauso gut wie Ethik. Jemand, der *moralisiert*, hat keine Sympathien auf seiner Seite. Und auch nicht derjenige, der *moralinsauer* daherkommt. Dass jemand hingegen *ethisiert*, hat man noch nicht gehört. Daraus lässt sich schließen: Vorsicht mit der Moral. Denn sie kann oftmals nicht hinterfragt werden, sondern wird einfach als gültiges Gesetz in den Raum gestellt. Das hat sie allerdings mit vielen Gesetzen gemeinsam, von denen Menschen schon seit Ewigkeiten glauben, dass sie sich an sie halten müssen.

Kapitel Acht

Besser. Schöner. Reicher.

Wie die oberste Norm unserer Zeit uns unerbittlich in den Griff nimmt.

Manchmal ist ja ein Blick in die *Zehn Gebote* des Christentums ganz interessant. Auch wenn man nicht sonderlich christlich ist, könnte man schließlich meinen, dass sich dort Regeln finden, die Menschen schon seit langer Zeit für wichtig halten. Regeln für die Ewigkeit sozusagen. Und in der Tat, Vorschriften wie »Du sollst nicht töten« (in manchen Übersetzungen auch »Du sollst nicht morden«) oder »Du sollst nicht stehlen« sind durchaus modern, obwohl sie schon viele Tausend Jahre alt sind. Was sich in den Zehn Geboten aber gar nicht findet, ist das *oberste* Gebot der modernen Welt. Die *eine* Regel, die über allen andern Regeln steht. Das Gebot: *»Du sollst gut abschneiden im Wettbewerb.«* Das ist das oberste Gesetz der modernen Industriegesellschaften. Oder nicht? Schauen wir doch mal nach, ob diese Behauptung stimmt.

Egal ob ein Junge oder Mädchen in Deutschland, Russland oder in den USA geboren wird – von Anfang an heißt es an allen Ecken und Enden: Wichtig, mein liebes Kind, ist es, hübscher zu sein als die andern. Besser zu sein in der Schule. Aufs Gymnasium zu gehen und nicht auf die Hauptschule. Später 5000 Euro im Monat zu verdienen und nicht 2000. Oder vielleicht sogar 20 000, wenn es geht. Weißere, geradere Zähne zu haben als der Nachbar oder die Nachbarin. Ein schöneres Gesicht.

Kinder und Jugendliche wie auch Erwachsene leben jeden Tag vom Aufwachen bis zum Einschlafen in einer *Wettbewerbsgesellschaft*. Oft verfolgt sie der Wettbewerb bis in ihre Träume. Welches Schulkind hat nie wegen einer Prüfung, die am nächsten Tag bevorsteht, schlecht geschlafen? Und warum schläft dieses Kind schlecht? Aus Vorfreude? Oder aus Angst, im Wettbewerb um eine gute Note schlecht abzuschneiden?

Das Dumme dabei ist: Dieser Wettbewerb läuft oft nach den Regeln eines *Nullsummenspiels*. So heißt es in der sogenannten »Spieltheorie«, wenn jemand nur dann als Gewinner gilt, wenn gleichzeitig ein anderer Verlierer ist. Dem »plus eins« des einen steht das »minus eins« des anderen gegenüber. In der Summe: null. In den allermeisten Fällen, in denen es um Wettbewerb geht, sieht es leider genau so aus. Wer nicht gewinnt, bleibt nicht einfach als »Nicht-Gewinner« zurück. Er ist vielmehr ein Verlierer. Ein Loser.

Ran an die Chinesen!

Deutschland, USA, Frankreich oder auch die Schweiz – wer hier geboren wird, wächst also in einer Wettbewerbsgesellschaft auf. Aber auch in einer *Leistungsgesellschaft*. Denn wer im Wettbewerb bestehen will, muss Leistung bringen. Das gilt auf allen Ebenen, nicht nur im Wettlauf beim Sportfest. Die deutsche Wirtschaft steht im Wettbewerb mit der Wirtschaft Chinas oder der USA. Deswegen müssen die deutschen Schüler in der Schule brav und fleißig sein. So heißt es. Denn die Chinesen schicken viel mehr Uni-Absolventen und Ingenieure in den weltweiten Wettbewerb, als es die Deutschen tun. 600 000 junge Ingenieure werfen die Chinesen jedes Jahr auf den Weltmarkt der Industrie, warnen die deutschen Wirtschaftsverbände. Sechshunderttausend! Das sind 150 000 mehr, als es in Deutschland überhaupt an Abiturienten gibt! Und von denen entscheidet sich dann nur ein Bruchteil fürs Ingenieurstudium! Die anderen wollen möglicherweise Sprachen studieren. Oder Politik. Oder gar Philosophie. Das kann ja nicht gut gehen.

Also heißt es: Wehe, wenn die Deutschen nicht ordentlich Leistung bringen! Und zwar jedes Jahr mehr Leistung als im vergangenen. Denn die Wirtschaft muss *wachsen*. Die Wettbewerbsgesellschaft steht auch im Wettbewerb mit sich selbst. Sie muss heute besser sein als gestern. Und morgen muss sie wieder besser sein, so heißt es. Dahinter steht das Grundgesetz der modernen Wirtschaft. Kapital muss Ertrag abwerfen, Zinsen. Aus 100 Euro müssen nächstes Jahr 103 werden, im Jahr darauf vielleicht 107, noch ein Jahr später 112 oder 115.

So läuft das heute. Allerdings natürlich nicht, weil es wirklich so laufen *muss*. Der Mensch *muss* nicht ständig mehr produzieren, reicher sein, schöner sein. Die Menschen haben sich momentan nur darauf verständigt, dass das ihre oberste Norm ist: Leistung, Wettbewerb. Sie könnten sich auch die Frage stellen, ob diese oberste Norm nicht ziemlicher Mist ist. Zunächst aber bleibt es erst mal dabei. Wir müssen alle fleißig und effizient sein. Wir müssen schöne Zähne haben. Wir müssen sexy sein, mit 16 Jahren genauso wie mit 60 Jahren. Und jeder muss dabei seine *Rolle* erfüllen im großen Spiel des Lebens.

Wo man Leistung lernt: die Schule

Das Leben in der modernen Gesellschaft ist also ein ständiger Wettlauf. Und wie es bei Wettläufen so ist – Nachdenken ist da eigentlich nicht gefragt. Ein Sprinter sollte ja auch nicht herumgrübeln, während er versucht, einen neuen Rekord über 100 Meter aufzustellen. Wenn er dieses Ziel erreichen möchte, ist beim Laufen nur ein Gedanke angesagt: *»Ich will! Ich will! Ich will!«*

Ob das Besser-sein-wollen von Natur aus in den Menschen steckt, darüber kann man lange streiten. Es ist wahr, schon viele Dreijährige möchten das größte Feuerwehrauto und beim Topfschlagen die meisten Süßigkeiten. Worüber man aber nicht streiten kann: Wer in unsere Gesellschaft hineingeboren wird, der wird auch von Anfang an auf Leistung getrimmt. Spätestens im dritten oder vierten Schuljahr heißt es: Wir sind ja nicht zum Spaß hier.

Sobald Kinder in die Schule kommen, beschäftigen sie sich nicht mehr mit den alten Römern, nur weil sie es extrem spannend finden, was die angestellt haben. In der Schule untersuchen Kinder und Jugendliche den Aufbau eines Ahornblattes nicht mehr nur, weil in ihnen von Geburt an kleine Forscher stecken. Als Schulkinder beschäftigen sie sich mit solchen Themen, weil sie am Ende eine Prüfung darüber schreiben müssen. Sie beschäftigen sich nicht mit der Schwerkraft und der Fallgeschwindigkeit, weil sie davon so fasziniert sind wie einst Galileo Galilei. Sondern sie büffeln die entsprechenden Formeln, weil sie sonst in der Physik-Schulaufgabe schlecht abschneiden.

Natürlich kann man argumentieren, dass Prüfungen und Schulnoten dazu da sind, um herauszufinden, wie gut die Schüler etwas gelernt haben. Und man kann sagen, dass das nötig sei, damit sich die Schüler mehr anstrengen und mehr lernen. Fürs Leben. Aber wenn man genauer hinschaut, wird man feststellen: Schulnoten haben vor allem zwei Funktionen. Erstens: Sie zwingen die Schüler dazu, sich mit Sachen zu befassen, zu denen man sie anders nicht motivieren kann. Sie zwingen sie, Leistung zu bringen. Zweitens: Mit Noten lässt sich wunderbar eine Auslese betreiben nach dem Motto: »Du, lieber Tobias, darfst später an die Uni und Ingenieur werden – und du, lieber Turkan, darfst das nicht. Und du, lieber Kevin, darfst das auch nicht.«

Ob Turkan oder Kevin nicht auch das Zeug zu einem guten Ingenieur hätten, interessiert dabei nicht wirklich. Beim großen Wettrennen namens »Schule« schmeißt es sie irgendwann aus der Bahn, weil bei ihnen zu Hause Türkisch oder RTL2-Deutsch gesprochen wird und nicht hundert kluge Bücher im Schrank stehen. Und wenn das so ist, dann haut es einen eben oft spätestens dann aus der Kurve, wenn es aufs Gymnasium geht.

Natürlich gibt es auch jede Menge Kinder aus Ausländerfamilien und den sogenannten »bildungsfernen Schichten«, die sich durchs Schulsystem kämpfen. Aber sie müssen eben meistens kämpfen. Denn die Schule ist nicht in erster Linie dazu da, um nachzuschauen: »Was kann der junge Mensch denn besonders

gut, wo liegen seine Begabungen?« Schule ist dazu da, jeden und jede auf ein bestimmtes Gleis zu setzen. Und dieses Gleis heißt bei Kindern, deren Eltern Abitur und einen Uni-Abschluss haben: Abitur und Uni-Abschluss. Kinder, deren Eltern keine Ausbildung haben und von Hartz IV leben, landen auf einem anderen Gleis.

Die Macht der Gewohnheit

Bemerkenswerterweise wollen viele Schülerinnen und Schüler, kaum dass sie Noten bekommen, gar nicht mehr auf sie verzichten. Sie glauben sehr bald selbst daran, dass Noten gut seien fürs Lernen. Sie freuen sich, wenn sie eine Eins oder eine Zwei bekommen. Wenn es keine Noten mehr gäbe, dann gäbe es auch keine Gelegenheit mehr, sich über gute Noten zu freuen. Es kann jeder ausprobieren: Wenn man hundert Schüler fragt, ob sie die Noten abschaffen möchten, schauen einen viele ganz erschrocken an.

Wenn man hundert Vierjährige im Kindergarten fragt, ob sie für die Lego-Burgen, die sie voller Begeisterung bauen, nicht gern Noten hätten, werden sie erst einmal gar nicht kapieren, was das soll. Aber spätestens wenn es für eine schief gebaute Lego-Burg eine Fünf oder eine Sechs gäbe, wären die Kindergartenkinder entsetzt und würden anfangen zu weinen.

Nun kann man natürlich sagen: »Noten auf Lego-Burgen, das ist ja ein bescheuerter Gedanke.« Aber ist der Gedanke, dass man Noten darauf gibt, wie gut jemand Englisch oder Französisch kann, dann nicht auch bescheuert? Würde die 16-jährige Engländerin, in die sich ein 17-jähriger Deutscher verliebt, ihn darum bitten, dass er besser Englisch lernt, damit er hinterher im Abitur eine bessere Note bekommt? Oder würde sie ihn darum bitten, damit sie ihn besser versteht? Oder könnte es nicht sogar sein, dass sie ihn gar nicht darum bitten müsste, Englisch zu büffeln? Weil der junge Mann ganz von selbst alles tut, damit er flüssiger E-Mails schreiben und mit ihr telefonieren kann?

Auch wenn man sich an den Gedanken vielleicht gewöhnen muss: Noten sind nicht dazu da, dass Schüler mehr lernen. Sie sind dazu da, in unserer Leistungsgesellschaft festzustellen, wer oben und wer unten landen soll. Wer das wirklich anders sieht, sollte mal darüber nachdenken, ob er den Satz »Noten müssen sein« nicht einfach so lange von außen eingebimst bekommen hat, dass er jetzt eben selbst dran glaubt. Weil er diese Regel *internalisiert* hat.

Kapitel Neun

Nur nicht aus der Rolle fallen.

Wie jedes Leben sein Drehbuch bekommt – und wie aus Milliarden Drehbüchern etwas Größeres entsteht.

Kommen wir noch einmal zurück zu Philipp Rösler. Es kann sein, dass der Mann, der im Jahr 2009 Minister der deutschen Bundesregierung und im Jahr 2011 Vizekanzler wurde, im Jahr 2021 von der Öffentlichkeit wieder weitgehend vergessen ist. Aber an ihm lässt sich nicht nur zeigen, wie ein in Vietnam geborenes Kind vietnamesischer Eltern zu einem rundum deutschen Erwachsenen wird. An Rösler lässt sich auch sehr schön studieren, dass es dabei vor allem um eines geht: zu lernen, wie man bestimmte *Rollen* zu spielen hat.

Philipp Rösler wusste beispielsweise nicht immer, wie man sich als Minister und Vizekanzler der Bundesrepublik Deutschland benimmt. Als er fünf Jahre oder auch fünfzehn Jahre alt war, dürfte er davon noch keine Ahnung gehabt haben. Als er ausreichend lange in der Politik war, hatte er jedoch irgendwann gelernt, wie man sich in dieser Rolle verhält. Beispielsweise im Gespräch mit Firmenchefs oder Politikern aus anderen Ländern. Zur Rolle des Ministers gehört es, freundlich aufzutreten, aber auch selbstbewusst. Minister geben Anweisungen. Sie wundern sich

nicht, wenn andere dauernd um sie herumscharwenzeln und sie laufend mit »Herr Minister« anreden. Minister fahren nicht selbst Auto, sondern werden von einem Chauffeur gefahren. Daran muss man sich erst mal gewöhnen. Aber irgendwann hat man sich auch dran gewöhnt.

Wenn Philipp Rösler nach einem Termin in seiner Rolle als Minister zu seiner Familie nach Hause fährt, dann wird er dort ganz anders angeredet. Denn dort warten zwei Mädchen, die im Jahr 2008 auf die Welt gekommen sind. Die Zwillingsschwestern Grietje und Gesche sagen vielleicht »Papa« oder »Vati«, wenn sie ihn sehen, aber sicher nicht »Herr Minister«. Rösler wiederum tritt ihnen gegenüber nicht in der freundlichen, aber bestimmten Rolle des Politikers auf, sondern in der Rolle des Vaters.

Auch Wiebke Rösler wird den Politiker Philipp Rösler nicht als Politiker erleben – sondern als ihren Ehemann. Seiner Frau Wiebke gegenüber steckt Philipp Rösler also in mindestens zwei Rollen. Er übt die Rolle als Mann aus. Das heißt, er verhält sich gegenüber Wiebke (als Frau) anders, als er es gegenüber Männern tut. Kann sein, dass er ihr in den Mantel hilft, ihr die Tür aufhält. Außerdem ist er auch ihr Ehepartner. In dieser Rolle verhält sich Philipp Rösler noch einmal anders. Wir dürfen vermuten, dass Philipp Rösler mit seiner Ehefrau nicht genauso umgeht wie mit anderen Frauen. So hat er Wiebke Rösler zur Mutter gemacht. Von anderen Frauen ist nichts Entsprechendes bekannt.

Damit sind die verschiedenen Rollen des in Vietnam geborenen Politikers aber noch längst nicht alle aufgezählt. Philipp Rösler sagt von sich selbst auch, er sei Katholik. Ein Pfarrer, der ihm das christliche Abendmahl austeilt, sieht ihn also wieder in einer speziellen Rolle. In der Rolle des Gläubigen. Oder man kann sich einen Besitzer eines Optikergeschäfts vorstellen. Wenn der den Brillenträger Rösler in seinen Laden kommen sieht, denkt er vielleicht: »Aha, dieser Herr will eventuell ein neues Brillengestell kaufen.« Kunde wäre wieder eine andere Rolle für Philipp Rösler.

Rollen können sich aber auch verändern, mitunter sogar recht schnell. Bevor Rösler in die Politik ging, war er Arzt und trat in *dieser* Rolle Menschen gegenüber. Diejenigen, mit denen er zu tun hatte, nahmen jeweils für sich entsprechende Rollen ein, beispielsweise:

- als Arztkollegen (die auf der gleichen Ebene wie Rösler arbeiteten),
- als Chefs (die ihm Anweisungen geben durften und manchmal sogar mussten),
- als Pfleger und Krankenschwestern (die Anweisungen von Rösler akzeptieren *mussten*),
- als Patienten (die von Rösler als Arzt auf fachkundige Behandlung hofften).

Wenn die Rolle zwickt

Rollen bringen allerdings Konflikte mit sich. Das lässt sich etwa daran sehen, wie das Nachrichtenmagazin »Der Spiegel« über ein Gespräch geschrieben hat, bei dem Philipp Rösler nicht dabei war – obwohl dieses Gespräch für seine Karriere ausgesprochen wichtig war. Rösler sei »nur per Telefon zugeschaltet« gewesen, als sein Vorgänger in der Funktion des FDP-Vorsitzenden, Guido Westerwelle, entmachtet wurde, schrieb der »Spiegel«. Die Begründung formuliert die Zeitschrift mit einer gewissen Häme: »Weil er zu Hause die Kinder hüten musste.« Hier wird klar, Rösler steckte in einem *Rollenkonflikt*. Zwischen der Rolle als vielbeschäftigter Politiker und der Rolle als Vater.

Solche Rollenkonflikte entstehen vor allem aus einem Grund. Die andern haben Erwartungen an den, der eine bestimmte Rolle ausfüllt – *Rollenerwartungen*. So erwarten die Kinder von ihrem Vater, dass er ihnen Zeit und Aufmerksamkeit schenkt. Parteikollegen erwarten von einem Minister, dass er alles für sein Amt gibt. Beides unter einen Hut zu bringen, ist so gut wie unmöglich. Also steckt der Minister und Vater in einem Konflikt mit sich selbst.

Leben mit System

Unter Gesellschaftswissenschaftlern gilt dabei eines inzwischen als sicher: Wenn Menschen miteinander in Kontakt treten, dann findet nicht nur ein Rollenspiel statt. Durch diesen Kontakt entsteht etwas Neues, das über das Handeln der einzelnen Menschen hinausgeht. Sie bilden *soziale Systeme*. Diese Systeme können auf wenige Menschen beschränkt sein. Eine Schulklasse ist bereits ein soziales System. Der Lehrer kommuniziert mit den Schülern auf eine ganz bestimmte Weise und auch die Schüler kommunizieren untereinander auf eine bestimmte Weise. Durch dieses Kommunizieren entsteht ein System.

DER HORROR: 12 JAHRE ALT, VOLL DER BARTWUCHS, ABER NOCH NICHT IM STIMMBRUCH!

Bei ihrer Kommunikation befolgen Schüler und Lehrer Regeln. Die sind zum einen von außen festgelegt. Im Unterricht dauernd aufzustehen und rumzulaufen, ist nicht angesagt. Wenn einer trotzdem dauernd rumläuft, bekommt er aber nicht nur möglicherweise vom Lehrer einen Verweis. Auch aus dem System selbst heraus werden Regeln durchgesetzt. Wenn ein Schüler plötzlich herumläuft, würde wohl auch der eine oder andere Mitschüler fragen: »Spinnst du?« Denn wer in einem Regelgerüst lebt, findet es oftmals bedrohlich, wenn ein anderer dieses Gerüst zum Wackeln bringt.

Im System »Schulklasse« kommunizieren die Schüler also nach Regeln, die sie untereinander festlegen – ohne dass sie sich dessen bewusst sind. Wenn der Biologie-Lehrer eine Frage stellt, erwarten 28 der 29 Schüler der Klasse, dass Alexander (er kann natürlich auch anders heißen) sofort den Arm hochreißt. Denn er ist der Oberstreber in der Klasse. Das weiß er auch selbst. Zwar steckt er nicht immer gern in dieser *Rolle*. Aber er nimmt die Rolle im System Schulklasse ein. Er weiß, dass er sich lächerlich machen würde, wenn er versuchte zu wirken wie einer von den Coolen. Also lässt er es meistens sein. Und ist eben der Streber. Immerhin wollen die andern ja ab und zu von ihm abschreiben.

Das Babuschka-Prinzip

Ein kleines soziales System – die Schulklasse – steckt dabei in einem größeren System, der Schule. Die gesamte Schule ist nicht nur ein größeres soziales System, sie ist noch etwas mehr. Sie ist eine *Institution*. Sie hat nicht nur feste Regeln (um acht Uhr läutet die Glocke, aber nur montags bis freitags; der Direktor gibt dem Hausmeister Anweisungen und nicht umgekehrt, und so weiter), sie hat auch ein festes Gebäude. Die Schule ihrerseits ist Teil eines noch größeren Systems, das eigene Regeln besitzt. Das Bildungssystem hat in Deutschland beispielsweise die Regel, dass für Zehnjährige schon eine wichtige Vorentscheidung getroffen wird, was sie als 60-Jährige arbeiten (oder nicht arbeiten). Denn in diesem Alter entscheidet sich, welche Art von sogenannter weiterführender Schule sie besuchen. Die Kernfrage lautet dabei: Gymnasium oder nicht?

Das Bildungssystem wiederum wird von anderen Systemen beeinflusst, vor allem vom politischen System. Denn die Frage, ob man Zehnjährige wirklich auf verschiedene Schularten aufteilen sollte, wird zum Beispiel politisch entschieden und durch Gesetze festgeschrieben. Aber auch das gesellschaftliche System der Kirchen hat Einfluss aufs Bildungssystem. Unterricht in Religion oder Ethik oder auch im Fach Islamische Unterweisung ist Teil der Schulpflicht. Die Systeme stecken ineinander wie die russischen Babuschka-Holzpuppen.

Leben heißt: verändert werden

Wer also nicht gerade allein auf einer Wiese sitzt, so weit weg von allen andern, dass ihn niemand sehen oder hören kann, bewegt sich immer in sozialen Systemen. Diese Systeme werden zum einen durch die geformt, die in ihnen etwas tun. Gleichzeitig formen die Systeme aber auch die Menschen, die in ihnen leben. Jeder formt also jeden. Ständig. Selbst wer sagt, dass er sich nicht formen lässt, dass er zu keiner Gruppe gehören will, kann sich nicht dagegen wehren, dass er von andern stets einer bestimmten Gruppe zugeordnet wird.

Die einen empfinden das Gewebe der Rollen, Regeln und Systeme als angenehm und wärmend. Die anderen fühlen sich darin wie in einer Zwangsjacke. Und sie stellen sich vielleicht Fragen wie diese: Kann ich mich von den Regeln und Rollen nicht befreien? Kann ich nicht raus aus den Systemen, in denen ich stecke? Warum kann ich nicht aus der Bundesrepublik Deutschland austreten? Wieso kann ich nicht sagen: Ich will nicht Teil von irgendetwas sein. Auch nicht Teil dieses Staates mit seinen Regeln und Gesetzen.

Kapitel Zehn

Woher nimmt er sich das Recht? Er, der Staat ...

Warum Menschen sich Gesetze geben. Warum es furchtbar viele Gesetze gibt. Und warum es wohl nicht viel weniger sein können.

An seine Geburt erinnert sich niemand. Die Eltern tun es meistens schon. Wer nun seine Eltern fragt, ob denn damals irgendjemand von einer Behörde gekommen sei und gefragt habe: »Will der junge neue Erdenbürger auch Bürger der Bundesrepublik Deutschland sein?«, der wird die Antwort bekommen: »Nein, diese Frage hat nie jemand gestellt.« Wer deutsche Eltern hat, der wird nicht gefragt, ob er deutscher Staatsbürger sein möchte. Auch zum 18. Geburtstag stellt niemand diese Frage. Dem Staat, in den man hineingeboren wird, tritt man nicht bei. Und man kann aus ihm auch nicht austreten. Man kann vielleicht in einen andern Staat auswandern, dort dessen Staatsbürgerschaft annehmen und seine alte Staatsbürgerschaft aufgeben. Aber zum *Staatenlosen* zu werden, ist heute – zumindest in Europa – so gut wie unmöglich.

Man kann sagen: »Ich will nicht Mitglied der katholischen (oder auch evangelischen) Kirche sein. Ich will nicht, dass die Regeln dieser Kirche für mich gelten.« Aber niemand kann sagen: »Ich will nicht Mitglied des deutschen Staates sein. Die Gesetze, die dieser Staat macht, gelten für mich nicht.« Spätestens dann, wenn er gegen die Gesetze des deutschen Staates verstößt, wird er merken: Es ist völlig egal, ob man *möchte*, dass Gesetze für einen gelten. Die andern wenden die Gesetze einfach auf einen an. Bis dahin, dass sie einen ins Gefängnis stecken. Aber warum eigentlich? Und muss das sein?

Ich mach dich Messer.

Es ist Freitagvormittag in einer mittelgroßen Schule irgendwo in Deutschland. Ein Junge begegnet im Pausenhof einem andern, den er schon seit Längerem nicht leiden kann. Erst gibt es einen schrägen Blick. Dann gibt es patzige Bemerkungen. Beschimpfungen. Auch über Mütter und Schwestern. Sie schubsen und stoßen sich. Inzwischen stehen ihre Freunde drum herum. Sie setzen ihre Fäuste ein, treten. Hinterher ist an der Schule von einer Massenschlägerei die Rede. Wie viele dabei waren, lässt sich nicht mehr genau herausfinden. Sicher ist aber: Am Ende hat der eine der beiden, die den Streit begonnen haben, ein gebrochenes Schienbein und ein gebrochenes Nasenbein. Der Spruch »Ich mach dich Krankenhaus!« klingt witzig. Wer mit eingegipstem Bein im Klinikbett liegt, findet ihn weniger lustig.

Damit ist die Sache noch nicht vorbei. Die Freunde der beiden Jungs rufen auf Facebook zu einer neuen Schlägerei auf. Vergeltung ist angesagt. Sie putschen sich in ihren Einträgen gegenseitig

ISCH MACH DISCH UNI-KLINIKUM EPPEN-DORF, UNFALLABTEILUNG 2. STOCK, ZIMMER 12, KAPIERT ???
WAS IHN SO ANGENEHM VON ANDEREN BULLIES UNTERSCHEIDET, IST DIE LIEBE ZUM DETAIL.

hoch, provozieren sich. Andere Schüler erzählen von all dem, was da passiert, zu Hause mit einer Mischung aus Faszination und Angst. Bei *Asterix* sieht es ulkig aus, wenn prügelnde Gallier ein großes Knäuel bilden. Beim *kleinen Nick* endet jede zweite Geschichte mit einer Massenschlägerei. Aber bei einer Schlägerei in der Wirklichkeit hört der Spaß schnell auf. Und als auf Facebook das Wort »Amoklauf« kursiert, greift die Polizei ein. Sie macht die besonders wortgewaltigen Schüler ausfindig. Und sie macht ihnen klar, dass in Deutschland eigentlich nur eine Gruppe von Leuten ungestraft Gewalt anwenden darf: Polizisten. Und auch nur dann, wenn sie gute Gründe dafür haben.

Ein besonderes Monopol

Wer einem anderen das Nasenbein bricht, kann ihm auch den Kiefer brechen. Oder den Schädel. Wie schnell das geht, lässt sich täglich in der Zeitung lesen. U-Bahn-Schläger, Messerstecher in der Disco – jeden Tag verhalten sich auch im zivilisierten Deutschland des 21. Jahrhunderts Menschen so, wie man es sich von der Steinzeit vorstellt. Die Bereitschaft, gewalttätig zu werden, steckt ganz offensichtlich in vielen Menschen.

Allerdings gilt es auch schon seit Jahrtausenden als keine gute Idee, dass die Menschen diese Gewaltbereitschaft einfach austoben. Um zu verhindern, dass Einzelne Gewalt gegen andere anwenden, gibt es vor allem eine Lösung: Es braucht einen *Staat*. Ein Staat hat also erst einmal nichts mit einem Parlament, einem gewählten Kanzler oder Präsidenten zu tun. Alles das, woran viele

beim Stichwort »Staat« als Erstes denken, kommt erst später. Den Begriff »Staat« kann man viel einfacher erklären, meinte beispielsweise der Gesellschaftsforscher Max Weber schon vor über hundert Jahren. Auf die Frage, was ein Staat eigentlich ist, lautet seine Antwort: »*Diejenige menschliche Gemeinschaft, welche innerhalb eines bestimmten Gebietes das Monopol legitimer physischer Gewaltsamkeit für sich (mit Erfolg) beansprucht.*« Das klingt etwas altertümlich. Doch diese Zeilen bieten gleich eine ganze Reihe von interessanten Anknüpfungspunkten, wenn man herausfinden möchte, woher sich *die einen* das Recht nehmen, *den anderen* etwas vorzuschreiben.

Es geht dabei erst mal vor allem um eines: Gewalt. Und es geht um die Frage, wie sich sicherstellen lässt, dass Gewalt höchstens von einer Stelle ausgeht. »Monopol« ist üblicherweise ein Begriff aus der Wirtschaft. Er beschreibt einen Zustand, in dem nur ein einzelner Anbieter eine bestimmte Ware im Angebot hat. Beim Gewaltmonopol geht es darum, dass nur eine einzelne Gruppe von Menschen das Recht hat, Gewalt auszuüben.

Gewalt ohne Kontrolle

Gewaltmonopol also. Fachbegriff. Wen interessiert so was? Fragen wir Abdi. Er ist 15 Jahre alt und lebt in einem Flüchtlingsheim in Deutschland. Geboren ist er in einer Stadt in Ostafrika namens Mogadischu. Auf die Frage, in welchem Staat er geboren wurde, ist für Abdi eine Antwort schon schwieriger. Politikwissenschaftler nennen Somalia einen *failed state*. Es gibt dort keine funktionierende staatliche Ordnung mehr. Somalia ist also kein Staat. Bei *Wikipedia* wird Somalia folgerichtig als *zerfallener Staat* bezeichnet.

Wenn man Menschen wie Abdi zuhört, wie das Leben in einem *failed state* so ist, dreht sich vieles um Gewalt. Verschiedenste Gruppen in Somalia üben Gewalt über andere aus. Mal geht es einfach um Geld, also um schlichte Kriminalität. Mal geht es um Fragen der Religion. Die Gruppen beanspruchen für sich das Recht, sich von keiner Polizei, keinem Militär und überhaupt von niemandem vorschreiben zu lassen, was sie tun und lassen sollen. Es gibt kein »Monopol physischer Gewaltsamkeit«, kein *Gewaltmonopol* des Staates.

Es ist nicht schwer zu verstehen, warum Abdis Eltern in ein anderes Land wollten; in ein Land wie Deutschland, die USA oder Australien. Die Liste lässt sich natürlich noch sehr weit verlängern. Die Zahl der einigermaßen funktionierenden Staaten ist weit größer als die der *failed states*. Auch in Ländern, die nicht als gescheiterte Staaten gelten, gibt es Verbrecher, die auf vielerlei Weise andern Menschen Gewalt antun. Aber dort ist es die Ausnahme und nicht die Regel, dass Gewalttäter ungestraft davonkommen. Die staatlichen Institutionen in Deutschland, den USA oder Australien beanspruchen mit Erfolg das *Gewaltmonopol* für sich.

Man muss der somalischen Familie von Abdi nicht lange zuhören, um zu erkennen, dass es sich in einem funktionierenden Staatsgebilde besser lebt als in einem *failed state*. Tagtägliche Morde. In vielen Landesteilen keine Stromversorgung, weil Diebe die Stromleitungen stehlen. Keine Hilfe für Kranke. Essen nach Zufall. Es wird schnell klar: Ein mehr oder weniger funktionstüchtiges Staatswesen hat Vorteile.

Bleibt die Frage: Was *muss* so ein Staat eigentlich regeln? Muss es die Tausende und Zigtausende von Vorschriften geben, die es etwa in Deutschland gibt? Genügt es nicht, wenn der Staat Gewalt unterbindet?

Fast unzählbar: Gesetze und Paragraphen

Wie viele Gesetze gibt es? Eine Antwort auf diese Frage gibt regelmäßig die Firma LexXpress. Und diese Antwort ist beeindruckend: Ende 2010 gab es nach der Zählung von LexXpress allein auf Bundesebene in Deutschland **1905 Gesetze**. Dazu kamen **3437 Verordnungen**. Sie waren zusammen in **76 612 Artikel und Paragraphen** unterteilt. Noch einmal dazurechnen müsste man allerdings die Gesetze und Verordnungen der verschiedenen Bundesländer, zum Beispiel über das jeweilige Schulwesen. Schließlich müsste man Vorschriften dazu addieren, die die Städte und Gemeinden erlassen, etwa über Abwassergebühren oder zur Regelung, wo Hunde ohne Leine laufen dürfen und wo nicht. Das alles zusammenzuzählen, damit sieht sich allerdings auch LexXpress überfordert. Insgesamt würden sich alle Vorschriften wohl auf **Hunderttausende** summieren. Wer Spaß an skurrilen Wortschlangen und Abkürzungen hat, kann sich auf der Internetseite www.gesetze-im-internet.de einen Überblick verschaffen – von A (wie *A/KAE* oder *Ausführungsanordnung zur Konzessionsabgabenanordnung*) bis Z (wie *ZusEntschLnuklSchÜbk* oder *Übereinkommen über zusätzliche Entschädigungsleistungen für nuklearen Schaden*).

Wie viel Staat darf's denn sein?

Warum gibt es so viele Gesetze? Früher ist man ja auch mit weniger ausgekommen, im Mittelalter etwa. Da gab es zwar ebenfalls Gesetzbücher, aber bei Weitem nicht so viele wie heute. Warum also die Gesetzesflut?

Stellen wir uns vor, wir steigen in eine Zeitmaschine und reisen in das Jahr 1400. Wir landen in einer mittelgroßen Stadt in der Gegend, wo heute Deutschland ist. Die Mehrheit der Einwohner dieser Stadt sind Christen. Es gibt in dieser Stadt des Jahres 1400 auch einige Juden. Sie müssen in einer eigenen Gasse leben, der Judengasse. Das ist klar geregelt. Auch unter den Christen gibt es Regeln, wer wie und wo lebt. Die verschiedenen Handwerker sind in verschiedenen Straßenzügen angesiedelt. Es gibt eine Gerbergasse ebenso wie eine Schmiedgasse, in denen die jeweiligen Handwerker ihrer Arbeit nachgehen. In ihren Häusern ist unten die Werkstatt, oben die Wohnung.

Die Leute aus dem Jahr 1400, denen man bei so einer Zeitreise begegnen würde, haben keine großen Zweifel, in welchen Bahnen ihr Leben verläuft. Sie wissen, was für ein Beruf für sie infrage kommt und welcher nicht. Sie wissen, wo sie in zehn oder zwanzig Jahren leben werden, wo sie beerdigt werden. Sie wissen, wer und was ihnen im Alltag begegnet. Mal Leute aus anderen Handwerkerfamilien, mal Bauern, die in die Stadt kommen, mal der Pfarrer in der Kirche. Dass man laufend neue Entscheidungen treffen muss, dass man sich mit Fremden auseinandersetzen muss oder mit anderen Lebensentwürfen – das gehört zum Leben dieser Menschen des Jahres 1400 nicht dazu. Deswegen kommen sie mit wenigen Regeln und Gesetzen aus. Es ist ja sowieso klar, wie das Leben verläuft. Da muss nicht so viel geregelt werden.

Vielfalt macht Gesetzesbücher dick.

Wenn wir hingegen keine Zeitmaschine nehmen, sondern einfach in der Gegenwart einen Wohnblock im Zentrum einer modernen europäischen Stadt aufsuchen, was könnten wir finden? Im Erdgeschoss mag vielleicht – noch ganz wie in der mittelalterlichen Stadt – ein Handwerker seine Werkstatt haben. Ein Goldschmied möglicherweise. Vielleicht ist er Christ und geht sogar in die Kirche. Nebenan könnte aber eine Frau ein Nagelstudio betreiben, die mit Kirche gar nichts am Hut hat. Im ersten Stock wiederum lebt eine streng gläubige Moslemfamilie, die ihre Wurzeln in Afrika hat – was man auch an der schwarzen Hautfarbe dieser Familie sieht. Im zweiten Stock lebt ein schwules Studentenpaar, von denen der eine an gar nichts glaubt, der andere hat sich während eines Jahres, in dem er in Thailand lebte, eine Mischung aus Buddhismus und Esoterik als Glaubensrichtung zugelegt. Wer in dieses Haus einzieht, muss sich mit ungleich mehr verschiedenen Lebensweisen auseinandersetzen als jeder Bewohner einer mittelalterlichen Stadt.

Es hat also seinen Grund, dass es in Deutschland Tausende und Abertausende von Gesetzen und Vorschriften gibt. In einem Land, in dem die Zahl der möglichen Lebenswege gering ist und in dem alle zu tun haben, was der König oder womöglich ein Diktator sagt, braucht man zwar sicher auch ein paar Gesetzbücher. Aber die können vergleichsweise dünn ausfallen. Eine Gesellschaft, in der man entweder zu Fuß geht oder mit dem Pferd unterwegs ist, braucht keine Vorschriften über Start- und Landerechte von Flugzeugen, keine Bestimmungen über die Rechte von Bahn-Fahrgästen bei Verspätungen. Eine Gesellschaft, die keine Computer kennt, braucht keine Regeln über Persönlichkeitsschutz oder *Urheberrecht* im Internet. Eine Gesellschaft, die keine Atomkraftwerke hat, braucht nicht das – auch oben im Kasten erwähnte – *Übereinkommen über zusätzliche Entschädigungsleistungen für nuklearen Schaden.*

Die Menschen sind verschieden. Und in Ländern wie Deutschland, Frankreich oder den USA pochen sie heute darauf, verschieden sein zu dürfen. Also müssen die Regeln eines modernen, demokratischen Staates der piercing-begeisterten 21-Jährigen, die sich mit einem Sex-Shop selbstständig macht, ebenso gerecht werden wie der streng katholischen 61-Jährigen, die fast ohnmächtig wird, wenn sie an diesem Laden vorbeigeht. Die Regeln müssen dem (jungen oder alten) *Nerd*, der in seiner Wohnung möglichst nichts von anderen Leuten mitbekommen möchte, ebenso gerecht werden wie seinem Nachbarn, der fast jeden Abend in Partylaune ist. Sie müssen dem Unternehmer, der so schnell wie möglich so viel wie möglich verdienen möchte, ebenso gerecht werden wie den Leuten, die für diesen Unternehmer arbeiten. Oder den Leuten, die neben den Fabrikhallen dieses Unternehmers leben.

Die Antwort auf die Frage, warum es so viele Gesetze gibt, lautet also: Eine Gesellschaft, die viele Lebenswege erlaubt, wird immer dicke Gesetzesbücher haben. Vor allem dann, wenn es zu dieser Gesellschaft gehört, dass alle Bürger das gleiche Recht haben, über ihr Leben zu bestimmen. Denn dann reden plötzlich Millionen mit beim Regeln-Geben. Und die Regeln sollen allen diesen Millionen gerecht werden. Einfach kann das nicht sein. Wobei aber eine Frage bleibt. Wann hat es eigentlich angefangen mit der Gesetzemacherei?

Kapitel Elf

Leg mal die Keule weg –
lass uns einen Vertrag machen.

Woher Staaten kommen. Was sie mit Verträgen zu tun haben. Und was das Ganze mit Herrschaft zu tun hat.

Genau 317 brennende Autos zählte die französische Polizei in der Nacht vom 13. auf den 14. Juli 2009. Es war aber nicht die einzige Nacht des Auto-Abfackelns. Im Herbst des Jahres 2005 waren in ganz Frankreich rund 10 000 Autos in Flammen aufgegangen, dazu etwa 300 Geschäfte. Nicht viel anders sah es in Großbritannien im Sommer 2011 aus. Und in Berlin gehört zum Jahreslauf nicht nur die Sylvesterparty am Brandenburger Tor, sondern auch die Randale am 1. Mai. Ebenfalls mit brennenden Autos und eingeworfenen Schaufensterscheiben.

Immer wieder scheint es, als ob mitten im vermeintlich friedlichen zivilisierten Westeuropa keine Regeln mehr gelten. Vor allem Jugendliche werfen Steine und Brandsätze auf Polizisten, als hätten sie Gegner aus einem Computerspiel vor sich. Scheiben werden zertrümmert und Läden geplündert, als ginge es um Topfschlagen oder Piñata-Hauen beim Kindergeburtstag.

Im Fernsehen und in den Zeitungen geben dann Soziologen mit besorgtem Gesichtsausdruck Interviews und sprechen von *Anomie*. So heißt es auf gut Experten-Griechisch, wenn keine Regel (*nómos*) mehr gilt. Genauer wäre es freilich zu sagen: Die Randalierer und Plünderer halten sich eine Zeit lang nicht mehr an die Gesetze der Länder, in denen sie leben. Vor allem nicht an die Gesetze, die Eigentum schützen und vor Gewalt bewahren sollen. Aber wer selbst kaum Eigentum besitzt und sich stark genug fühlt, um seinen eigenen Körper ganz allein gegen Gewalt zu verteidigen, der kümmert sich offenbar nicht immer um solche Gesetze. Denn er fühlt sich gar nicht von ihnen betroffen. An Regeln halten sich die Randalierer hingegen schon. Beispielsweise an die Regel, dass man Steine nicht auf Leute wirft, die eine Kapuzenjacke tragen. Sondern auf Leute in Polizeiuniform. Auch das ist eine Regel.

Ist Anarchie machbar, Frau Nachbar?

Immer wieder werden die Leute, die in England bei *riots* mitmachen, in Frankreich bei *émeutes*, oder die in Deutschland randalieren, auch als *Anarchisten* bezeichnet. Da ist allerdings nicht ganz der richtige Begriff getroffen. Und hier geht es nicht um Wortklauberei. Es geht um einen nicht ganz unwichtigen Unterschied: den Unterschied zwischen *Regeln* und *Herrschaft*.

Bei der Anarchie geht es darum, dass niemand über andere *herrscht*. (Das griechische *archía* für »Herrschaft« wird durch die Vorsilbe »An-« verneint.) Bei der Anomie geht es darum, dass *keine*

Regeln gelten. Ist doch das Gleiche, sagen manche. Nein, ist überhaupt nicht das Gleiche, sagen Polit-Theoretiker, die sich in den vergangenen Jahrhunderten Gedanken darüber gemacht haben, wie eine Gesellschaft ohne Herrschaft aussehen könnte, also eine

Anarchie. Ein guter Anarchist grübelt ausgesprochen intensiv darüber nach, wie Regeln fürs menschliche Zusammenleben aussehen sollten. Regeln, die sicherstellen, dass keiner andern einfach so vorschreibt, was sie zu tun haben.

Ein echter Anarchist würde daher einem Randalierer, der gerade einen Gemüseladen abfackelt, wahrscheinlich eins auf die Kapuze geben. Denn wer sagt »Anarchie ist machbar, Herr Nachbar« (wie es schon vor etlichen Jahrzehnten gedichtet wurde), der sorgt sich üblicherweise ein bisschen um seinen Nachbarn. Und um dessen Laden oder Auto.

Auch echte Anarchisten würden also sagen: Regeln braucht der Mensch. Vielleicht sogar Regeln, die man Gesetze nennt. Was ein Anarchist allerdings nicht ganz so leicht beantworten kann, ist die Frage: Wo sollen sie denn herkommen, diese Regeln? So wie es in der Bibel zu lesen ist, dass Gott zehn einfache Gesetze aufschreibt, die Moses vor einigen Tausend Jahren nur abzuholen brauchte – so einfach ist es in der Wirklichkeit der Gegenwart ja nicht. Wo also kommen sie her, die Gesetze?

Das älteste Gesetz der Menschheit –
vielleicht auch das grausamste

Wenn man einen Archäologen bittet, nach dem ältesten Staat der Welt zu graben, wird er wahrscheinlich etwas verwundert schauen. Wie soll das auch gehen? Ein Staat ist ja erst mal nichts, was man ausgraben kann. Man kann ihn noch nicht mal anfassen, den Staat. Ein Polizeiauto oder das Kanzleramt, die lassen sich

TATAAA! ICH GEBE EUCH DIE ELF GEBOTE! WAR NUR PLATZ FÜR ZEHN, DAS LETZTE MÜSST IHR EUCH HALT MERKEN:
BIER AUF WEIN, DAS LASS SEIN.

anfassen. Aber *der Staat?* Nach den ältesten Gesetzen könnte der Archäologe aber ja mal graben. Gesetze haben doch auch etwas mit dem Stichwort »Staat« zu tun.

Mit der Frage »Was ist die älteste noch erhaltene Gesetzessammlung?« kommen Archäologen also schon besser zurecht. Sie werden wahrscheinlich sagen, dass man da am besten zum *Codex Hammurabi* greift. So heißt die Gesetzessammlung, die der babylonische König Hammurabi hat in Stein meißeln lassen. Es ist ziemlich sicher, dass dieser *Codex Hammurabi* rund 3700 Jahre alt ist. Und das macht ihn aller Wahrscheinlichkeit nach zum ältesten Gesetz der Welt. Ein Fall fürs Guinness-Buch der Rekorde, wenn man möchte.

Die Regeln, die Hammurabi aufgestellt hat, sind auch in anderer Hinsicht rekordverdächtig. Sie hätten gute Chancen, bei einem Wettbewerb unter der Überschrift »Was ist das strengste Gesetz?« ziemlich weit oben zu landen. Auf Diebstahl beispielsweise stand die Todesstrafe. Die war auch dann vorgesehen, wenn jemand einen anderen beschuldigte, er sei ein Mörder, das aber nicht beweisen konnte. Dann sollte der, der die Anschuldigung erhob, getötet werden. Einem Sohn, der seinen Vater angriff, sollte die Hand abgeschnitten werden. Für andere Vergehen wurden andere Körperteile abgeschnitten: Ohren, Zunge oder bei Frauen die Brust.

Beschütze mich!

Dass der Codex Hammurabi ziemlich grausame Strafen vorsieht, steht also außer Frage. Wie er zustande kam, ist schon schwieriger zu sagen. Hat der Herrscher Hammurabi sich die Gesetze allein ausgedacht und dann seine Untertanen gefragt, was sie davon hielten? Wie kam es eigentlich, dass Hammurabi als Herrscher galt? Warum haben seine Untertanen nicht einfach gesagt: »Wir möchten überhaupt nicht beherrscht werden.«

Schon vor rund 400 Jahren hat der Brite Thomas Hobbes dazu Gedanken entwickelt, die in folgende Richtung gehen: Vor langer, langer Zeit, bevor es Gesetze wie die von Hammurabi gab, haben sich die Menschen ständig gegenseitig die Köpfe eingeschlagen. Es herrschte ein »Krieg aller gegen alle«. Doch irgendwann waren die Menschen das Schädel-Einschlagen leid. Also haben sie sich zusammengesetzt und untereinander einen Vertrag geschlossen. In diesem *Gesellschaftsvertrag* legten sie fest, dass das Schädelein- schlagen ab sofort vorbei sein sollte. Und sie einigten sich darauf, dass jemand den Auftrag bekommt, auch durchzusetzen, was dieser Gesellschaftsvertrag vorsieht. Ein König wie Hammurabi zum Beispiel. Diese *Vertragstheorie*, die Thomas Hobbes als einer der Ersten formuliert hat, erklärt also, warum es Staaten gibt. Und sie erklärt, warum es *Herrschaft* gibt. Warum die einen das Recht haben sollen, über andere zu bestimmen. Die Antwort: Weil das gut sei für die Beherrschten. Für die Herrschenden sowieso.

Herrscher von Gottes Gnaden

Stellt sich die Frage, wie man bestimmt, wer herrschen soll? Im Europa des 21. Jahrhunderts ist die klare Antwort: durch Wahlen. Aber man kann auch ganz andere Antworten geben. Thomas

Hobbes hatte dazu eine andere Idee. Er wollte, dass an der Spitze eines Staates ein Alleinherrscher steht. Der sollte sich bei seiner Herrschaft nicht nach Regeln richten müssen, die andere sich ausdenken. Ein König also, der von Gesetzen losgelöst (lateinisch: *legibus absolutus*) regiert. Ein absolutistischer Monarch.

Regieren soll eine einzelne Person – diese Idee war lange Zeit in allen Teilen der Welt allgemein akzeptiert. Könige, Kaiser oder Diktatoren haben sich zwar auch durch Gewalt und Unterdrückung an der Macht gehalten. Wer aufmuckte, kam in den Kerker, wurde gefoltert, in Stücke geschnitten, aufgehängt. Aber jahrhundertelang, jahrtausendelang gehörte es zum Weltbild der Beherrschten, dass es schon seine Richtigkeit habe, wenn es Herrscher gibt und Untertanen. Das war eine Norm, die die Beherrschten verinnerlicht hatten, also *internalisiert*.

Die Vorstellung, dass ein Einzelner regiert, passt auch in alte religiöse Vorstellungen von der Ordnung der Welt. In vielen Religionen glauben die Menschen nicht nur an einen Gott (oder mehrere). Sie glauben auch, dass die jeweiligen Herrscher durch den Willen Gottes auf ihrem Posten seien. Nicht nur die früheren deutschen Kaiser erklärten von sich selbst, sie hätten ihre Macht »von Gottes Gnaden«. Auch der Diktator Francisco Franco, der Spanien jahrzehntelang mit Folter und Gewalt regierte, behauptete, er sei durch den Willen Gottes auf seinem Posten. Und auch das britische Königshaus schreibt bis heute neben das Bild des jeweiligen Regenten »Dei Gratia« – durch Gottes Gnade. Wobei von einem Herrscher in Großbritannien kaum mehr die Rede sein kann. Politische Macht haben dort seit geraumer Zeit nur das vom Volk gewählte Parlament und die Regierung.

Eine Frage der Autonomie

Heute gilt eine absolutistische oder diktatorische Form der Herrschaft, die von Gesetzen losgelöst ist, in der Mehrzahl der Länder der Welt als undenkbar. Die Vorstellung, dass Einzelne unbeschränkte Macht haben sollen, klingt für moderne Demokraten verrückt. (Es sei denn, es geht um Länder, von denen man Öl kaufen will, wie etwa Saudi-Arabien – da geht nach Ansicht der hiesigen Demokraten eine komplett antidemokratische Königsherrschaft völlig in Ordnung.) Überhaupt soll es in modernen *Demokratien* keine *Herrscher* geben, sondern *Regierende* – die sich beim Regieren ebenso an Regeln halten müssen wie alle anderen auch. Und Regierende können durch Wahlen von der Aufgabe des Regierens wieder entfernt werden. Jeder Mensch soll autonom über sein Leben bestimmen können, das ist die Grundregel moderner westlicher Gesellschaften. Also soll er auch bestimmen können, wer ihn regiert. Jemand wie Thomas Hobbes, der sich vor vier Jahrhunderten für eine absolutistische Alleinherrschaft stark machte, würde heute als ein bisschen wahnsinnig gelten.

Aber Hobbes war nicht wahnsinnig. Er hatte Gründe, warum er seine Vorschläge genau so gemacht hat. Der Hauptgrund: Er hatte keine sonderlich gute Meinung vom Menschen als solchem. Und wenn man die Frage »Was ist ein guter Staat?« beantworten möchte, muss man erst mal eine andere Frage stellen: »Ist der Mensch denn gut? Oder ist er nicht ein bösartiges Tier, das gebändigt werden muss?«

Kapitel Zwölf

Unter Wölfen?

Was es für Folgen hat, wenn man den Menschen für ein Tier hält. Was es für Gründe gibt, den Menschen für ein Tier zu halten. Und was dagegen spricht.

Wenn man im Zoo oder in einem Wildpark Wölfe anschaut, wird man meistens feststellen: Die machen eigentlich einen recht braven Eindruck. Jedenfalls gehen sie sich nicht gegenseitig an die Gurgel. Als Schaf oder Ziege sollte man sich natürlich nicht in ein Wolfsgehege begeben. Aber gegenseitig tun sich die Mitglieder eines Wolfsrudels üblicherweise nicht groß was an.

Dennoch wird ein Spruch des britischen Polit-Theoretikers Thomas Hobbes seit Jahrhunderten immer wieder zitiert: *homo homini lupus* – der Mensch ist dem Menschen ein Wolf. Hobbes nahm diesen alten lateinischen Spruch, um eine seiner Grundüberzeugungen zu untermauern. Wenn man die Menschen nicht davon abhält, sich an die Kehle zu gehen, glaubte er, dann tun sie genau das: sich an die Kehle gehen. Der »Krieg aller gegen alle« sei der *Naturzustand* des Menschen.

Thomas Hobbes hat sich natürlich nicht so sehr dafür interessiert, wie Wölfe tatsächlich miteinander umgehen. Aber aus seinem *Menschenbild* leitete Hobbes Vorschläge ab, die durchaus der Natur entnommen sind. So wie es im Wolfsrudel ein Leittier gibt, dem sich die andern unterwerfen, so sollten sich auch die Menschen einer obersten Gewalt unterwerfen, meinte Hobbes.

Seit Menschen der Frage nachgehen, wie eine menschliche Gesellschaft aufgebaut sein sollte, stellt sich ihnen eine andere Frage, die zuvor beantwortet werden muss: »Was ist der Mensch?« Ist er möglicherweise von Natur aus böse und muss erst durch Gesetze und Herrschaft gezähmt werden? Ist er vielleicht von Natur aus eigentlich gut und wird nur durch schlechte Lebensbedingungen mitunter ein schlechter Mensch? Ist jeder Mensch im Grunde vernünftig – oder sind die meisten ziemlich blöde? Kann man gegen die Blödheit der Menschen etwas tun oder ist dagegen kein Kraut gewachsen?

Um ein Bild der Gesellschaft zu entwerfen, in der Menschen leben sollen, braucht man also erst einmal ein Menschenbild – eine *Anthropologie* (vom Griechischen *ánthropos* – der Mensch und *lógos* – die Lehre).

Die Evolution als Erklärungs-Joker

Auf die Frage »Was ist der Mensch?« haben früher Religionswissenschaftler oder Philosophen Antworten gegeben. Von den Religionen konnte man beispielsweise hören, der Mensch sei als Sünder geboren. Und daher baut er halt immer wieder Mist.

Schon unter den ersten Menschen habe es Mord und Totschlag gegeben, heißt es in der Bibel: Kain erschlug Abel.

Etwas aktuellere Antworten auf die Frage »Was ist der Mensch?« versuchen inzwischen Naturwissenschaftler zu geben. So führen Forscher die Aggression, die augenscheinlich zum Wesen des Menschen gehört, gern auf die Vorgeschichte der Menschheit zurück. Auf die Zeit also, als der Mensch noch nicht so recht ein Mensch war, sondern eher ein Tier. Die Frühmenschen hätten irgendwann erkannt, dass Fleisch nahrhafter ist als Wurzeln und Früchte, lauten solche Erklärungen. Deswegen hätten sie irgendwann nicht nur das Aas toter Tiere gegessen, sondern Tiere gejagt. Doch um ein Tier mit einem Faustkeil oder einem Beil zu töten, muss man zunächst mal einer gewissen Aggression freien Lauf lassen. Wer kein Blut sehen kann, wird kein guter Jäger, so lassen sich viele der naturwissenschaftlichen Erklärungen für die Herkunft der menschlichen Aggression verkürzt auf den Punkt bringen. Wer sanft ist, kommt nicht weiter.

Und die Naturwissenschaft bietet noch weit mehr Erklärungen über das Wesen des Menschen an. Seit Charles Darwin im Jahr 1859 sein Buch »Über die Entstehung der Arten« veröffentlicht hat, gibt es (vermeintlich) eine Erklärung für alles, was sich in der Welt der Pflanzen, Tiere und auch Menschen verändert: die Evolution. Darwins Gedanken werden oft auf den Satz verkürzt: »Was dazu beiträgt, dass eine Art im Überlebenskampf Erfolg hat, setzt sich durch.« Auch das Verhalten der Menschen wird gern so erklärt, dass es dazu beitragen soll, die jeweils eigenen Erbanlagen möglichst weit zu verbreiten.

Warum Männer Frauen mit großen Brüsten mögen?

Wenn jemand die Frage beantwortet haben möchte, warum viele Männer Frauen mit großer Oberweite attraktiv finden und Frauen mit flachen Brüsten nicht ganz so sehr, dann lautet eine Erklärung in dieser Lesart der Darwin'schen Lehre: weil Frauen mit ordentlicher Oberweite gemeinsamen Nachwuchs besonders gut mit Muttermilch versorgen können. Und warum finden Männer Frauen mit langen Beinen attraktiv? Weil die vor gefährlichen Raubtieren schneller weglaufen – und dabei den gemeinsamen Nachwuchs retten können. Warum stehen Männer auf Frauen mit schönem, glänzendem Haar? Weil das ein Zeichen von Gesundheit ist, und wer sich mit einer gesunden Frau fortpflanzt, bekommt gesunde Nachkommen.

Auch auf die Frage, warum Frauen im Gegenzug oft nicht ganz so viel Wert aufs Äußere ihrer Paarungspartner legen, sondern mehr auf innere Werte, gibt dieses Erklärungsmuster eine Antwort. Wer neun Monate Schwangerschaft und viele Jahre Kinderbetreuung auf sich nimmt, der sucht sich jemanden, der auch hinterher noch als verantwortungsvoller Familienvater für ein gutes Leben sorgt. Also muss der Mann, mit dem eine Frau freiwillig ins Bett geht, nicht immer superbreite Schultern haben – woraus man schließen könnte, dass er gut gegen wilde Tiere kämpfen kann. Oft genügt es auch, dass er nett ist.

Warum Männer einander die Köpfe blutig hauen?

Für die Frage, warum sich die Menschen seit Ewigkeiten immer wieder zu Hunderten und Tausenden gegenseitig die Köpfe einschlagen, bietet diese Form des Darwinismus ebenfalls eine Erklärung. In früheren Zeiten, wenn Jagdgründe, Weidegründe oder Wasser knapp wurden, sei Aggressivität hilfreich gewesen, um der eigenen Sippe das Überleben zu sichern. Wer bereit ist, die Nachbarn mit Gewalt aus ihren Jagdgründen zu vertreiben, tut etwas für die eigenen Leute.

Zusätzlichen Stoff für Konflikte haben sich die Menschen außerdem verschafft, als sie das Eigentum erfanden. Irgendwann sagte ein Mensch erstmals zu einem andern: »Das ist meins und nicht deins.« Ziemlich bald darauf gab der eine dem andern eins über den Schädel, so die Theorie. Entweder um sein Eigentum zu verteidigen. Oder um dem andern dessen Eigentum wegzunehmen.

Vom Eigentum ist es dann nur noch ein kurzer Weg zur Eifersucht. Ein Mann, der sicher sein will, dass er sein Eigentum als Erbe an seine eigenen Kinder weitergibt, muss auch sicherstellen, dass seine Frau nicht mit andern Männern schläft. Denn sonst könnte es ja sein, dass er einen Riesenaufwand betreibt, um seine Erbanlagen an seine Kinder weiterzugeben und ihnen ein Leben in Wohlstand zu ermöglichen – doch in Wirklichkeit sind die Kinder gar nicht seine eigenen, sondern die des netten Nachbarn. Um das zu verhindern, muss dieser Mann auf *Monogamie* pochen (also darauf, dass seine Frau nicht mit andern Männern ins Bett geht). Eine Frau, die sich nicht daran hält, wird als Hure beschimpft. (Ein entsprechendes Schimpfwort für Männer gibt es nicht, denn

denen liegt es ja im Blut, dass sie ihre Erbanlagen weit streuen wollen.) Und wenn die Frau doch untreu wird, dann bringt der Mann sie um. Damit wären auch Morde aus Eifersucht erklärt.

Warum das alles viel zu simpel klingt?

Das Problem vieler solcher Erklärungen liegt auf der Hand. Mit ihnen lässt sich *alles* erklären. Doch irgendwann landet man endgültig bei Nonsens-Erklärungen nach dem Muster: Warum schnarchen Männer häufiger als Frauen? Weil sie so früher in der Nacht die wilden Tiere vertreiben konnten. Eine Erklärung, die alles erklärt, erklärt aber im Grunde gar nichts. Und verkürzte Darwinismus-Alles-Erklärungen für das menschliche Verhalten sind stets in der akuten Gefahr, viel zu schlicht zu sein.

Beispiel Aggression: Sie ist zu vielschichtig, als dass sie sich nach dem Muster *Aggressiver Faustkeilschwinger hat bessere Überlebenschancen* erklären ließe. Der Buhruf in der Oper oder auch im Fußballstadion ist etwas anderes als der böse Blick, den ein U-Bahn-Fahrgast einem andern zuwirft, der ihn anrempelt. Der Vogel, den ein Radfahrer dem Autofahrer zeigt, der ihn in der Kurve schneidet, ist etwas anderes als die Brüllattacke des Fünfjährigen, der seiner Mutter entgegenschreit: »Ich will, dass du tot bist.« Wenn ein 40-jähriger Mann ganz für sich einen Zehnjährigen umbringt, weil ihn das erregt, dann ist das etwas anderes, als wenn ein 40-jähriger Mann als Aufseher in einem Nazi-Konzentrationslager mithilft, Tausende Menschen zu töten – darunter auch Zehnjährige.

Wenn es um die Erklärung von Gewalt und Aggression im menschlichen Verhalten geht, dann muss immer eines klar sein: *Einfache* Erklärungen gibt es nicht. Wenn eine Zeitung nach dem Massenmord des Norwegers Anders Behring Breivik im Juli 2011 schrieb, dass solche Gewaltbereitschaft ein Erbe aus der Zeit sei, in der Menschen beim Jagen das Töten gelernt haben, dann ist das zu kurz gedacht. Eine solche Erklärung ist zu simpel, als dass sie hilfreich sein könnte. Denn Breivik ist nicht einfach nur jemand, dessen Jagdinstinkt in die falsche Richtung gelaufen ist. Hinter dem Irrsinn seiner Verbrechen steckt viel mehr.

Die Aggression, die im Menschen – und vor allem in Männern – brodelt, lässt sich also nicht mit ein paar einfachen Sätzen erklären. So wie die gesamte menschliche Gesellschaft eine reichlich komplizierte Angelegenheit ist, so ist auch die Sache mit der Gewalt kompliziert. Darüber muss man aber nicht verzweifeln. Man kann es auch erst mal damit bewenden lassen, dass Aggression zur menschlichen Natur gehört. Bei den einen tritt sie stärker hervor, bei den andern weniger. Andere wiederum macht sie zu Verbrechern.

Und es gibt auch eine tröstliche Erkenntnis. Alle menschlichen Gesellschaften zu allen Zeiten haben eines gemeinsam: Das Verbot, andere Menschen zu töten, ist das oberste Verbot. Wer dagegen verstößt, hat die höchste Strafe zu erwarten. Erstaunlicherweise gibt es von dieser Vorschrift allerdings eine Menge Ausnahmen. Womit sich die Frage stellt: Wie kann das sein?

Kapitel Dreizehn

Töten geht nicht. Außer manchmal.

Wie es sein kann, dass es selbst für die oberste Regel Ausnahmen gibt.

An dieser Stelle mal eine direkte Frage: Schon mal jemanden getötet? Wahrscheinlich nicht. Leute, die Bücher wie dieses hier lesen, sind üblicherweise keine Mörder. Und auch keine Totschläger. (Wobei die Unterscheidung zwischen *Mord* und *Totschlag* einige interessante Fragen aufwirft. Auf die soll weiter unten noch eingegangen werden.)

Zunächst bleiben wir bei der Feststellung, liebe Leserin, lieber Leser: Du bist keine Mörderin und auch kein Mörder. Und der Autor dieses Buches ist es auch nicht. Wenn wir ehrlich sind, können wir uns gar nicht wirklich vorstellen, jemanden zu ermorden. Es soll jetzt hier nicht davon die Rede sein, dass man sich mal ausmalt, wie es wäre, den Bruder zu erwürgen, die Mutter zu erschlagen, den Lehrer zu vergiften. Die allermeisten Menschen brauchen eigentlich kein »Du sollst nicht töten«. Oder auch »Du sollst nicht morden«, wie es manchmal übersetzt wird.

Wir würden es nicht tun. Wir würden es wahrscheinlich gar nicht hinbekommen. Wissenschaftliche Untersuchungen belegen, dass man auch die allermeisten Soldaten erst mit großem Aufwand dazu bringen muss, im Krieg ihre *Tötungshemmung* zu überwinden. Das Verbot »Du sollst nicht töten« hat jeder gesunde Mensch tief in sich verankert.

Dennoch wird dieses Verbot seit vielen Tausend Jahren ausdrücklich aufgestellt, in allen menschlichen Gesellschaften. Der Grund ist simpel: So fern liegt es dann doch nicht, einen andern zu töten. Das kommt in den besten Familien vor. Man muss nur mal überlegen, ob nicht vielleicht der eigene Großvater, Onkel oder Großonkel Menschen getötet hat. Mein Onkel hat das getan. Ich war zwar nicht dabei, auch sonst niemand aus der Verwandtschaft. Aber es gilt als sicher: Dieser Onkel hat Menschen getötet. Obwohl er ein rundum zivilisierter, gebildeter Mensch war. Er trug beim Töten aber eine Uniform, damals im Zweiten Weltkrieg. Deswegen war die Sache okay.

Hmm. Tatsächlich? War sie das? Wenn ja, warum? Und wenn nein, warum nicht? Hat nicht der Schriftsteller Kurt Tucholsky mit seinem Spruch »Soldaten sind Mörder« recht? Was ist eigentlich Mord?

Töten ist nicht gleich töten.

Wer wissen möchte, was Mord ist, schlägt am besten im Strafgesetzbuch nach. Dort ist er definiert. In Paragraph 211 heißt es, dass ein Mörder ist, wer »aus Mordlust, zur Befriedigung des Geschlechtstriebs, aus Habgier oder sonst aus niedrigen Beweggründen« tötet. Oder auch, »um eine andere Straftat zu ermög-

lichen oder zu verdecken«. Merkmal für einen Mord kann es auch sein, dass er »heimtückisch oder grausam oder mit gemeingefährlichen Mitteln« begangen wird. Die Strafe dafür lautet lebenslange Haft.

... BEFINDEN WIR EIN STRAFMASS VON 5 JAHREN FÜR ANGEMESSEN. MACHT 10 JAHRE.
HEUTE HAPPY HOUR IM STRAF-GERICHT!

Das deutsche Strafrecht hält es aber auch für möglich, dass jemand einen anderen tötet, ohne dass die besonderen Merkmale eines Mordes vorliegen. Dann ist von »Totschlag« die Rede und die Strafe fällt geringer aus. Hier lautet das Strafmaß »nicht unter fünf Jahren« und nur in besonders schweren Fällen »lebenslang«.

Die, die das deutsche Strafgesetzbuch geschrieben haben, wollten eindeutig klarstellen, dass es ihrer Ansicht nach durchaus mal passieren kann, dass einem Menschen die Sicherungen durchbrennen – und er deshalb einen anderen umbringt. Deswegen ist auch der »minder schwere Fall des Totschlags« im Strafgesetzbuch ausdrücklich geregelt. Im Paragraphen 213 heißt es, dass ein Täter auch mit einem Jahr Gefängnis davonkommen kann, wenn er zum Beispiel eine »schwere Beleidigung« hinnehmen musste und dadurch »zur Tat hingerissen worden« ist. Hier wird dem Täter also zugestanden, dass er seine menschentypische Wut nicht unter Kontrolle hatte. Und das wird als weit weniger bestrafungswürdig angesehen als ein Mord. Ganz ähnlich steht es auch im Strafrecht der Schweiz. Dort heißt es, eine geringere Strafe als bei Mord sei angemessen, wenn jemand »*in einer nach den Umständen entschuldbaren heftigen Gemütsbewegung oder unter großer seelischer Belastung*« einen andern tötet.

Wenn der Staat tötet

Bemerkenswert ist auch, dass der Verstoß gegen die oberste Regel im menschlichen Zusammenleben – »Töte keinen anderen!« –

immer wieder ausdrücklich erlaubt wird. Eine ganze Reihe von Staaten, die als durchaus zivilisiert gelten, halten es für angebracht, ihre Bürger in bestimmten Fällen umzubringen. In den USA beispielsweise tötet der Staat Bürger dann, wenn sie selbst jemanden getötet haben. Die Todesstrafe gilt dort als gerechte Strafe für den, der jemand anderm den Tod zugefügt hat. In andern Ländern hat man die Todesstrafe anders geregelt. In China beispielsweise müssen auch Beamte, die sich bestechen lassen, damit rechnen, vom Staat getötet zu werden.

Andere Gesellschaften, wie die meisten Länder Europas, haben zum Thema Todesstrafe eine andere Übereinkunft getroffen. Wenn es der maximale Verstoß gegen die Regeln des Zusammenlebens ist, einen Menschen zu töten, dann darf auch der Staat niemanden töten, so lautet der Grundgedanke in Staaten wie Deutschland, die die Todesstrafe abgeschafft haben. Entsprechend steht ganz am Anfang des deutschen Grundgesetzes: Die Würde des Menschen ist unantastbar. Auch die Würde eines Mörders. Denn er bleibt ein Mensch, egal was er verbrochen hat. Niemand ist ein Monster, auch wenn bestimmte Zeitungen Verbrecher immer wieder so bezeichnen.

Geregelte Regellosigkeit

Allerdings gibt es auch von dieser Regel Ausnahmen. Es gibt in Deutschland zwar keine Henker mehr, die mit Fallbeilen oder auch Gewehren andere Menschen töten – oder auch mit moderneren Methoden wie Giftspritzen. Doch für Polizisten oder Soldaten

WENN OPA VOM KRIEG
ERZÄHLT, PLATZT IHM
IMMER EIN ÄDERCHEN
IM AUGE...

ICH HATTE NUR NOCH
3 PATRONEN

DEM RUSSEN
WAR ALLES
EGAL!

EINE WAR
ROSTIG.

SCHADE!
JETZT IST ES SCHON
GEPLATZT. ERST BEIM
NÄCHSTEN MAL PLATZT
WIEDER EINS.

wird das Tötungsverbot in bestimmten Fällen aufgehoben. Soldaten der Bundeswehr, die zum Beispiel in Afghanistan im Einsatz sind, unternehmen zwar keine planmäßigen Vernichtungsangriffe, wie es deutsche Soldaten im Ersten und Zweiten Weltkrieg getan haben. Aber auch die Patronen, die deutsche Soldaten heute abfeuern, sind immer wieder tödlich.

Für die Einsätze deutscher Soldaten heute gibt es strenge Vorschriften. Überhaupt haben sich moderne Armeen genaue Regeln zugelegt, was im Krieg erlaubt sein soll und was nicht. Das Töten eines uniformierten jungen Mannes der gegnerischen Seite während eines Kampfes ist in Ordnung. Nach dem Kampf auch noch die Eltern oder die Ehefrau dieses jungen Mannes zu töten, ist hingegen nach den gängigen Kriegsregeln nicht erlaubt. Einen gegnerischen Soldaten mit einem gezielten Schuss zu töten, ist erlaubt. Ihn zuerst so zu verletzen, dass er kampfunfähig ist, und ihn dann in aller Ruhe zu töten, ist nicht erlaubt.

Die Regeln für einen vermeintlich ordentlichen Krieg reichen lange zurück. So wurden im Jahr 1899 in der *Haager Landkriegsordnung* »Gesetze und Gebräuche« fürs massenhafte Töten festgelegt. Seit es Regeln fürs Kriegführen gibt, wird allerdings gegen sie verstoßen. Das ist nicht weiter verwunderlich. Jeder Krieg zu jeder Zeit bedeutete immer weitgehend regellose Entfesselung von Gewalt. Deutsche Soldaten haben im Zweiten Weltkrieg französische Frauen vergewaltigt, russische Kinder verbrannt, italienische Gefangene mit Genickschuss getötet. Und wie sie hinterher freimütig bekannten, hatten einige richtig Spaß dabei. Russische Soldaten haben deutsche Frauen vergewaltigt, polnische Gefangene erschossen. Und auch in jüngster Zeit haben amerikanische Soldaten Frauen, Kinder, Alte im Irak oder in Afghanistan misshandelt und getötet. Das sind Dinge, die in jedem Krieg geschehen.

Eine Erklärung dafür ist naheliegend. Wenn im Krieg Menschen die Erfahrung machen, dass die oberste Regel des menschlichen Zusammenlebens gekippt wird, dann ist es schwierig, überhaupt noch Regeln aufrechtzuerhalten. Wenn mir erlaubt wird, dass ich andere töte, warum soll ich dann noch den feinen Unterschied machen zwischen Leuten mit Uniform und ohne Uniform? Wenn ich bei einem Bombenangriff oder einer Panzerattacke auf eine Stadt Männer, Frauen und Kinder töten darf, warum soll ich dann nicht auch Frauen und Mädchen zum Sex zwingen dürfen? Im Krieg gilt am ehesten noch eine einzige Regel. Die, dass man den Befehlen seiner Vorgesetzten gehorcht. Egal wie unmenschlich oder unsinnig diese Befehle sein mögen.

Spielwiese für Wahnsinnige

Weil im Krieg die oberste Regel menschlichen Zusammenlebens außer Kraft gesetzt wird, können sich oftmals auch Leute so richtig austoben, die im Frieden in der Psychiatrie oder im Gefängnis landen würden. Wenn jemand heute auf einem deutschen oder österreichischen Marktplatz anfängt, mit einem Maschinengewehr um sich zu schießen, dann ist klar: Das ist ein Irrer oder ein Verbrecher, der gegen alle Regeln verstößt und so schnell wie möglich gestoppt werden muss. Falls derselbe Mensch als Soldat während eines Krieges mit dabei ist, wenn ein Dorf oder eine Stadt erstürmt wird, dann *soll* er sogar mit dem Gewehr um sich schießen. Er kann den Irrsinn, der möglicherweise in ihm brodelt, so richtig ausleben. Oder auch das, was das deutsche Strafgesetzbuch als »Mordlust« bezeichnet. Sofern es ihm gelingt, hinterher wieder halbwegs normal zu wirken, wird sein Töten ohne Strafe bleiben.

Im Krieg gilt das Töten also als rechtmäßig. Es gilt sogar als *gerecht*. Ebenso wie die Befürworter der Todesstrafe es für gerecht halten, Menschen in bestimmten Situationen umzubringen. Was eine ausgesprochen weitreichende Frage aufwirft: Wann sind Regeln gerecht? Regeln über Strafen – aber auch der Rest der Regeln fürs menschliche Zusammenleben.

Kapitel Vierzehn

Was täte ich, wenn ich nicht wüsste, wer ich bin?

Warum das Streben nach Gerechtigkeit ist wie Pudding-an-die-Wand-nageln. Warum es aber trotzdem ohne nicht geht.

Auf der Wiese vor der Europäischen Zentralbank in Frankfurt am Main konnte man ab dem Herbst 2011 eine ganze Zeit lang recht unterschiedliche Leute treffen. Die 20-jährige Eva zum Beispiel, eine Zahnarzthelferin. Als sie beschließt, ihre Nächte in einem Zelt in der Frankfurter Innenstadt zu verbringen, macht sie gerade ihr Abitur nach. Man trifft aber auch den 43-jährigen Martin, einen arbeitslosen Altenpfleger. Und den 25-jährigen Paul, der gerade sein Studium der Politik und Philosophie zu Ende gebracht hat. Sie und ein paar Dutzend andere haben beim Occupy-Camp in Frankfurt ihr Lager aufgeschlagen, im wahrsten Sinne des Wortes. Sie zelten zwischen den Hochhäusern der wichtigsten Banken. Sie haben ganz unterschiedliche Lebenswege hinter sich. Aber wenn man sie fragt, worum es ihnen denn geht, verwenden alle immer wieder den gleichen Begriff: *Gerechtigkeit*.

Die Regeln, nach denen Geld und Wohlstand verteilt werden –
in Deutschland wie auch auf der ganzen Welt –, sind nicht gerecht. Darin sind sich Eva, Martin und Paul einig. Das zu erken-

nen, ist in ihren Augen ganz einfach. Die heutigen Regeln töten Menschen in armen Ländern, die an ihrer Armut krepieren, finden sie. Und auch in den reichen Ländern werden viele Menschen ihrer Ansicht nach in ein unwürdiges Leben gezwungen. Bei der Frage, wie denn gerechte Regeln aussehen würden, wird es schon schwieriger. Paul, der gerade sein Politikstudium beendet hat, gibt zu: »Occupy hat noch nicht viele konkrete Forderungen, wie es anders gehen soll.« Aber er ergänzt: »So etwas braucht eben seine Zeit.«

Lass uns über Geld reden.

Eva zum Beispiel findet, dass wirklich Reiche gezwungen werden müssten, weit mehr von ihrem Geld abzugeben. Sie rechnet vor: Wenn sie gut 20 Prozent von ihrem Zahnarzthelferinnen-Lohn ans Finanzamt abführt und noch einmal gut 20 Prozent an die Sozialversicherung, dann ist fast die Hälfte weg, und ihr bleiben »nur ein paar Kröten«. Wenn ein Multimillionär ebenfalls die Hälfte abgibt, »dann bleiben ihm immer noch ein paar Millionen«, stellt sie fest. Auf die Frage »Was sind gerechte Steuern?« kann man also schon mal ganz unterschiedliche Antworten geben. Eva fände es richtig, wenn der Millionär weit mehr als die Hälfte zahlen müsste. Und sie weit weniger.

Als unbestritten gilt in Ländern wie Deutschland erst einmal nur: Es ist gerecht, wenn alle, die eine bestimmte Summe Geld verdienen, einen Teil davon als Steuern an den Staat abgeben. Denn nur auf diese Weise lassen sich Aufgaben erledigen, die nur eine übergeordnete Ebene – wie der Staat – bewältigen kann. Straßen bauen zum Beispiel oder auch Schulen. Und es gilt genauso als akzeptiert, dass Steuergelder von denen, die halbwegs gut verdienen, eingesetzt werden, um andere zu unterstützen, die weniger Geld haben. Wenn Eva nach ihrem Abi studieren möchte, soll sie zum Beispiel die Möglichkeit haben, Bafög zu bekommen – aus Steuergeldern.

Diese Art der *Umverteilung* gilt also in Deutschland grundsätzlich als gerecht. Doch wie die Umverteilung im Einzelnen aussehen soll, ist damit noch nicht beantwortet. Der Spitzensteuersatz, das heißt der prozentuale Anteil, den Gutverdiener höchstens an Steuern zahlen müssen, lag in den 1980-er Jahren in Deutschland bei 56 Prozent. Damals galt es also als gerecht, dass jemand, der eine Million D-Mark (damals hieß die Währung bekanntlich so) verdient, davon 560 000 DM als Steuern abgeben sollte. Durch diverse Gesetzesänderungen wurde dieser Spitzensteuersatz gesenkt, dann wieder ein bisschen angehoben – er liegt aber immer noch deutlich unter den 56 Prozent, die vor etwa 30 Jahren galten. Das zeigt: Auf die Frage »Was ist gerecht?« kann man allein schon beim Thema Steuersatz immer wieder neue Antworten geben.

Früher war alles einfacher.

Wer die Frage »Was ist ein gerechtes Gesetz?« beantworten will, der muss erst einmal eine Vorstellung haben, wann eine gesamte Gesellschaft als gerecht gelten kann. Auch auf diese Frage gibt es verschiedenste Antworten. Im Mittelalter galt in Europa und auch

in vielen anderen Teilen der Welt: Wer als Bauer geboren wurde, sollte auch Bauer bleiben. Auch wenn das so gut wie immer ein ziemlich ärmliches Leben bedeutete. Und wer als reicher Adliger geboren wurde, sollte reicher Adliger bleiben. Das war sein *Stand*, genauso wie es der Stand des Bauern war, Bauer zu sein. Die Menschen lebten in einer *Ständegesellschaft*. Jeder wusste, was ihn sein Leben lang erwartet. Das galt als eine Form der Gerechtigkeit.

Auch heute kann ein Kind natürlich sozusagen in einen »Stand« hineingeboren werden. Wer als Sohn oder Tochter einer langzeitarbeitslosen alleinerziehenden Mutter in Berlin-Marzahn auf die Welt kommt, gehört möglicherweise zum Stand der »Hartzer«. Das dürfte dann ziemlich sicher der Start in eine eher ärmliche Jugend sein. Dieses Kind kann sich ausrechnen, was es vom Leben zu erwarten hat. Genauso wie sich ein Bauernkind im Mittelalter seine Zukunft ausrechnen konnte. Während ein Kind, das in eine Millionärsfamilie in München-Bogenhausen geboren wird, immerhin schon mal eines ganz sicher ist: reich. Der Lebensweg der beiden Kinder ist also in einem gewissen Rahmen vorgezeichnet. Aber er ist bei Weitem nicht mehr so unabänderlich, wie er es in einer Ständegesellschaft war.

Die zwei Kinder aus Berlin-Marzahn und München-Bogenhausen haben zum Beispiel beide das Recht (und sogar die Pflicht), in die Schule zu gehen, also sich eine gewisse Ausbildung zu verschaffen. Damit das Kind aus Marzahn darüber hinaus noch eine ordentliche Berufsausbildung machen kann, hat es aber auch Anspruch auf bestimmte staatliche Zahlungen. Es soll die Chance haben, aus dem ärmlichen Leben der Langzeitarbeitslosen-Familie zu entkommen, in die es hineingeboren wurde. Für dieses Kind soll *Chancengerechtigkeit* herrschen, lautet ein Grundsatz moderner deutscher Politik. Früher war auch einmal von *Chancengleichheit* die Rede. Aber dass man dem Kind aus Marzahn und dem Kind aus Bogenhausen beim besten Willen nicht die *gleichen* Chancen geben kann, gilt inzwischen als ausgemachte Sache. Heute begnügt man sich damit, zu versuchen, dass die Chancen gerecht verteilt werden.

Ob die Chancengerechtigkeit wirklich umgesetzt wird, lässt sich nur von Fall zu Fall beurteilen. Eines aber ist sicher: Das Millionärskind aus München-Bogenhausen hat ganz andere Chancen, als Erwachsener ordentlich Geld ausgeben zu können, als das Arbeitslosenkind aus Berlin. Das Rezept, als »Cindy aus Marzahn« einigermaßen wohlhabend zu werden, lässt sich wahrscheinlich kein zweites Mal umsetzen. Da muss sich das Kind aus unserem Beispiel schon etwas anderes einfallen lassen. Während das Münchner Kind ganz einfallslos den Wohlstand seiner Fami-

WER WILL, DER KANN! MAN MUSS ALLERDINGS WOLLEN KÖNNEN. UND DAS KOSTET!

lie genießen kann. Ob das gerecht ist, darauf kann man verschiedene Antworten geben.

Der Schleier des Nichtwissens

Auf die Frage, wie eine ganze Gesellschaft aussehen müsste, damit sie als gerecht gelten kann, hat beispielsweise der britische Politikwissenschaftler John Rawls eine Antwort zu geben versucht und damit etliche Bücher gefüllt. Zusammenfassen lässt sich seine »Theorie der Gerechtigkeit« in einem Gedankenexperiment, das er angestellt hat. Man muss ja nicht immer mit Reagenzgläsern oder Messapparaten hantieren, wenn es ums Experimentieren geht. Man kann auch einfach den eigenen Kopf verwenden.

Das Experiment von John Rawls geht so: Der Leiter des Experiments stellt sich vor, er will eine menschliche Gesellschaft konstruieren. Er weiß aber vorher nicht, welchen Platz er in dieser Gesellschaft selbst einnehmen wird. Der Leiter des Gedankenexperiments hat also keine Information, ob er als Langzeitarbeitsloser in Berlin-Marzahn lebt. Denn dann würde er vielleicht 10 000 Euro Arbeitslosengeld im Monat für gerecht halten und einen Steuersatz für Millionäre von 99 Prozent. Und er weiß auch nicht, ob er als Millionär in München-Bogenhausen lebt. Denn dann würde er vielleicht einen Steuersatz von 1 Prozent für gerecht halten und ein Arbeitslosengeld in Höhe von 100 Euro. Über dem Experiment soll ein »Schleier des Nichtwissens« liegen, sagte Rawls.

Weil ihnen dieser Schleier sozusagen die Augen verdeckt, wissen die Menschen nicht, an welche Stelle einer Gesellschaft sie geraten. Unter dieser Voraussetzung sollten die Menschen die Regeln einer Gesellschaft so festlegen, dass sie über jede Lebenssituation sagen können: »Ja, das geht auch für mich selbst in Ordnung.« Sie sollten also sagen können: »Auch wenn ich selbst ein schwerbehinderter Arbeitsloser wäre, müsste ich – wenn ich scharf nachdenke – sagen: Ich habe genug Chancen auf ein selbstbestimmtes Leben, dass ich die Gesellschaft als gerecht empfinde.« Die Menschen sollten sich aber auch überlegen, ob eine solche Gesellschaft Anreize dafür bietet, dass die Einzelnen sich anstrengen. Rawls fand durchaus, dass jemand, der sich halbtot arbeitet, mehr Geld haben sollte als jemand, der lieber gar nichts tut.

Aus diesem Gedankenexperiment lässt sich natürlich nicht auf Anhieb ableiten, ob die staatliche Unterstützung für Langzeitarbeitslose rund 380 Euro im Monat betragen sollte (wie es bei »Hartz IV« in Deutschland der Fall ist) oder vielleicht 570 oder auch 300 Euro. Es lässt sich auch nicht sofort sagen, ob der Steuersatz für Millionäre bei 25 oder bei 75 Prozent liegen sollte. Das Gedankenexperiment ist aber ein interessanter Ausgangspunkt, wenn man die Frage beantworten will: »Was ist gerecht?«

Wer nachdenkt, sieht ein: Rassismus ist stockdumm.

Auf einige andere Fragen lassen sich mit dem Gedankenexperiment von Rawls hingegen einfache und klare Antworten finden. Die Frage, ob es gerecht ist, wenn Menschen je nach ihrer Hautfarbe unterschiedliche Möglichkeiten im Leben haben, lässt sich mit einem klaren »Nein« beantworten. Die sogenannte »Apartheid«, die es in Südafrika bis 1994 gab, muss man nicht nur aus einem diffusen Gerechtigkeits-*Gefühl* heraus ablehnen. Das Gleiche gilt für die »Rassentrennung«, wie sie in den USA in vielen Bundesstaaten bis in die 1950er-Jahre vorgeschrieben war. Die Einteilung von Menschen in »Rassen« und die Unterdrückung von Menschen, weil sie eine bestimmte Hautfarbe haben, ist schlicht dumm.

Denn kein vernünftiger Mensch wird sich verbieten lassen, jemanden, den er liebt, zu heiraten – nur weil der eine andere Hautfarbe hat. Kein vernünftiger Mensch wird sich vorschreiben lassen, dass er bestimmte Toiletten oder auch Zugabteile benutzen muss, die für Menschen seiner Hautfarbe vorgeschrieben sind. Wer als Weißer in solchen Rassentrennungs-Gesellschaften lebt, mag solche Regeln vielleicht erst einmal gar nicht so schlecht finden. Denn die Rassentrennungsregeln haben, solange sie galten, in Afrika oder auch in den USA dafür gesorgt, dass die Weißen eine deutlich bessere Stellung in der Gesellschaft hatten als die Schwarzen.

Doch wer unter dem »Schleier des Nichtwissens« über solche Fragen nachdenkt, wüsste ja nicht, ob er nicht vielleicht als Schwarzer in eine rassistische Gesellschaft hineingeboren wird. Und dann wird sofort klar: Rassismus ist nicht nur *irgendwie unmoralisch*, sondern schlicht idiotisch. Das Gleiche gilt für die Unterdrückung von Frauen. Und natürlich muss auch jedem mit einem Hauch von Verstand klar sein, dass es schlicht idiotisch ist, wenn Menschen verfolgt werden, etwa weil sie in einer jüdischen Familie geboren wurden.

Alles gut?

Wenn man sich die Gesellschaft in Deutschland oder anderen modernen Staaten anschaut, findet man keine schreienden Ungerechtigkeiten wie Apartheid-Gesetze mehr. Es gibt auch keine Gesetze mehr, wie sie in Deutschland von 1933 bis 1945 galten, mit denen Juden aller ihrer Rechte beraubt wurden. Es gibt in modernen westlichen Staaten keine Regeln, von denen jeder, der ein bisschen nachdenkt, sagen muss: Die müssen weg. Es gibt eine Menge Regeln, die viele als ungerecht empfinden. Diese Regeln empfinden gleichzeitig viele andere aber durchaus als gerecht. Wer die besseren Argumente hat, darüber wird dann diskutiert.

Wenn man einen Test mit dem »Schleier des Nichtwissens« allein auf Deutschland, Österreich oder die Schweiz anwendet, kommen solche Länder also gar nicht schlecht weg. Hier kann man es aushalten. Weswegen ja auch Menschen aus anderen Teilen der Welt zu Hunderttausenden in solche Länder strömen. Das heißt aber nicht, dass alles gut ist. Wer einen größeren Schleier des Nichtwissens zur Hand nimmt und diesen Schleier über die ganze Welt breitet, der wird feststellen: Eigentlich kann die Welt nicht so bleiben, wie sie ist.

Wer sich beim Gedankenexperiment von John Rawls auf die Möglichkeit einlässt, dass er in einem Slum in Bangladesch geboren wird, in einem Armenviertel in Peru oder in irgendeinem Dorf in Somalia, der erkennt sofort: Die Regeln, nach denen *die gesamte Welt* organisiert ist, sind so schreiend ungerecht, dass sie eigentlich sofort geändert werden müssten. Diese Regeln lassen zu, dass Hunderte Millionen von Menschen so arm sind, dass sie ständig in der Gefahr leben, an ihrer Armut zu verrecken. Millionen von Menschen sind ständig in der akuten Gefahr, Opfer von Gewalt zu werden. Vernünftige Menschen können so etwas eigentlich nicht akzeptieren. Auch wenn sie selbst das Glück haben, in einem reichen, friedlichen Land geboren zu sein.

Die Regeln der Armut

Stellt sich die Frage: Was tun? Einen Geldschein nehmen und irgendwie nach Somalia schicken? Nur noch Hosen aus *fairem Handel* kaufen, damit die Arbeiter in den Textilfabriken in Bangladesch mehr Geld erhalten? Wo bekomme ich solche Hosen? Und was ist mit den Leuten in Bangladesch, die nicht mal eine mies bezahlte Arbeit haben? Was kann ich für diese Bettler tun? Die haben ja nichts von einem höheren Lohn für die Näher.

Soll ich also Geld spenden? Das ist ja etwas, was in unserem Land eine anerkannte Sache ist. Es entspricht durchaus der gesellschaftlichen Norm, etwas abzugeben für die Armen dieser Welt. Wie aber wäre es, wenn jemand so gut wie seinen gesamten Besitz weggäbe – und nur noch von Leitungswasser und Haferflocken lebte? Wenn er das Haus, das er erbt, verkaufte, um den Erlös zu spenden – wie fänden das seine Freunde, seine Verwandten? Wie fänden es eine 14-jährige Tochter und ein 16-jähriger Sohn, wenn ihr 40-jähriger Vater Omas Erbe komplett den Bettlern in Kambodscha schenkte?

Klare Antwort: Sie würden diesen Menschen für durchgeknallt halten. Ein oder zwei Prozent des eigenen Einkommens weggeben, das wäre denkbar. Vielleicht auch acht oder neun Prozent. Doch achtzig oder neunzig Prozent spenden, das wäre ein grober Verstoß gegen die Regeln. Sollte man also gegen diese Regeln verstoßen und sich nicht darum kümmern, dass man als verrückt gilt? Tja.

Auf jeden Fall sollte man eines erkennen. Es geht tatsächlich um Regeln. Um Regeln, die – wenn man vernünftig darüber nachdenkt – geändert werden *müssen*: die Regeln, nach denen Wirtschaft und Politik auf dieser Welt funktionieren. Der Friedensnobelpreisträger Mohammed Yunus versucht in Bangladesch, armen Menschen mit sogenannten Mikrokrediten die Möglichkeit zu geben, zu arbeiten und für sich selbst ein bisschen Wohlstand zu schaffen. Yunus meint: »Um Armut abzuschaffen, brauchen wir die notwendigen Veränderungen bei Institutionen und Politik.« Und er ergänzt: »Wohltätigkeit ist keine Antwort auf Armut. Sie trägt nur dazu bei, dass Armut weiter fortbesteht.«

Es geht also darum, Regeln zu verändern. Weltweit. Wie das geht? Eva, die ihr Zelt bei Occupy Frankfurt aufgeschlagen hat, weiß das auch nicht so genau. Die Begriffe, mit denen andere Camp-Teilnehmer jonglieren, sagen ihr nichts. *Tobin-Steuer* einführen, *Hedgefonds* an die Leine nehmen, *nackte Leerverkäufe* verbieten. Eva gibt zu, dass sie dazu nichts sagen kann. »Politik ist schon verdammt schwierig«, meint sie. So schwierig, dass sie von ihrem Wahlrecht bis jetzt noch nicht Gebrauch gemacht hat. Keine der Parteien, bei der sie ihr Kreuz hätte machen können, hat sie überzeugt.

Eva sagt zwar: »Ich finde Wahlen super! Ich finde es klasse, wenn man etwas gestalten kann.« Aber selbst wählen geht sie nicht. Bis jetzt zumindest. Sie gibt zu, dass das ein bisschen verrückt klingt. Aber immerhin befindet sie sich in guter Gesellschaft. Nicht zu wählen, war in Deutschland einige Jahre lang fast schon ein Normverstoß. Heute ist das nicht mehr so. Womit sich aber ein paar Fragen stellen: Ist das gut so? Und warum ist das so?

Kapitel Fünfzehn

Wahlen ändern nichts?
Denn sonst wären sie verboten?

Warum es so schwer ist, in der Politik und in der Gesellschaft etwas zu bewegen. Und warum es wahrscheinlich viel leichter nicht geht.

Die 20-jährige Eva, die im Herbst 2011 beim Frankfurter Occupy-Camp zeltet, ist also Nichtwählerin. Obwohl sie Wahlen eigentlich für etwas ganz Hervorragendes hält und obwohl sie beispielsweise bei der Bundestagswahl im Jahr 2009 ihre Stimme hätte abgeben können. Es ist gar nicht so lange her, da war jemand wie sie ein Außenseiter. Bei über 90 Prozent lag die Wahlbeteiligung in der Bundesrepublik der 1970er-Jahre. Ganz klar also: Wählen gehen war damals die Norm. Nichtwähler sein hieß Minderheit sein.

Das hat sich geändert. Inzwischen liegt bei Bundestagswahlen die Beteiligung eher bei 70 Prozent. Bei der Wahl zum Landtag von Sachsen-Anhalt im Jahr 2006 waren die Nichtwähler sogar deutlich in der Mehrheit. Nur 44,4 Prozent der Wahlberechtigten haben ihre Stimme abgegeben. Leute wie Eva, die erst mal lieber nicht wählen gehen, waren da die große Mehrheit.

Beteiligung an Bundestagswahlen im Lauf der Jahrzehnte

1972	91,9 %	1994	79,0 %
1976	90,7 %	1998	82,2 %
1980	88,6 %	2002	79,1 %
1983	89,1 %	2005	77,7 %
1987	84,3 %	2009	70,8 %
1990	77,8 %		

Quelle: Wissenschaftliche Dienste des Deutschen Bundestags

Auf die Frage, warum immer weniger Menschen bei Wahlen mitmachen, gibt es eine ganze Reihe von Antworten. Zunächst mal muss man feststellen: Wer sich aus dem System »Politik« komplett raushält und nicht einmal wählen geht, der hat dadurch für sich selbst keinen direkten Schaden. Wer sich hingegen beispielsweise aus dem System »Wirtschaft« komplett heraushält und sich weigert, seine Arbeitskraft zu verkaufen, der hat schnell ein Problem. Ihm wird bald das Geld fehlen, um so beim Konsumieren mitzumachen, wie es in unserer Gesellschaft üblich ist. Sich dem Wirtschaftssystem zu verweigern (oder auch dem Bildungssystem), kann also schmerzhafte Folgen haben. Sich dem Politiksystem zu verweigern, tut hingegen nicht weh.

Dazu kommt, dass sich eine beträchtliche Zahl von Wahlberechtigten denkt: »Wahlen ändern nichts.« Schon vor etlichen Jahr-

zehnten konnte man Aufkleber lesen, die diesen Satz noch um einen weiteren Satz ergänzten: »*Wahlen ändern nichts. Sonst wären sie verboten.*« Leuten, die solche Aufkleber drucken und in die Landschaft kleben, kann man eines zumindest nicht vorwerfen: Dass sie sich nicht für Politik *interessieren*. Wer sich darüber Gedanken macht, ob Wahlen etwas ändern, macht sich ja ausgesprochen politische Gedanken. Man kann also auch nicht sagen, dass solche Leute *politikverdrossen* sind, wie es oft heißt.

Bei einer ganzen Reihe von politischen Themen werden Bürger – und auch gerade junge Leute – nach wie vor aktiv. Sie investieren viel Zeit und Energie. Mitunter so viel Energie, dass die zuständigen Politiker völlig überrascht sind, wie sich beim Bahnhofsprojekt »Stuttgart 21« ab dem Jahr 2010 gezeigt hat. Auch die Occupy-Bewegung, die im Jahr 2011 von den USA aus in viele andere Länder geschwappt ist, war von Anfang an eine politische Bewegung.

Politiker? Igitt!

Es gibt also nicht unbedingt eine Politikverdrossenheit in modernen Demokratien wie Deutschland. Eines gibt es allerdings ohne Zweifel: Eine *Politiker*verdrossenheit. Die jährlichen Befragungen des Meinungsforschungsinstituts Allensbach sprechen hier eine klare Sprache. Im Jahr 2011 gaben lediglich sechs Prozent der Befragten an, dass der Beruf des Politikers bei ihnen ein hohes Ansehen hat. Im Jahr 1972 hatten noch viereinhalbmal so viele Menschen eine entsprechende Antwort gegeben – damals waren es immerhin 27 Prozent.

Gesellschaftsforscher stellen fest, dass sich das *System*, das die Politiker bilden, immer weiter von anderen Systemen der Gesellschaft entfernt. Das Problem dabei: Wie alle anderen Systeme funktioniert auch das Politiksystem weitgehend aus sich selbst heraus. Es ist gar nicht darauf angewiesen, dass die Bürger sich dafür interessieren. Es hält sich selbst am Laufen.

Nach der Landtagswahl 2006 in Sachsen-Anhalt, bei der über

die Hälfte der Bürger erklärte: »Wir wählen nicht«, ist kein Politiker auf die Idee gekommen, zu sagen: »Unter diesen Bedingungen können wir keinen neuen Landtag bilden. Wenn über die Hälfte der Wähler nicht mehr mitmacht, dann müssen wir uns etwas Neues einfallen lassen.« Vielmehr würde das »System Politik« wohl auch weiter vor sich hinlaufen, wenn nur noch 30 oder 20 Prozent der Bürger bei den Wahlen mitmachen.

Politik im Eyeliner

Eines ist allerdings ein Irrtum: Zu glauben, dass das, was im »System Politik« geschieht, einen selbst nicht betrifft. Nehmen wir Franziska. Sie ist 15 Jahre alt und wacht irgendwo in Deutschland morgens auf. Welche Rolle spielt die Politik in diesem Moment für ihr Leben? »Gar keine«, würde sie gequält antworten, wenn wir sie jetzt gerade, morgens um sieben, fragten. Da würde sie aber ziemlich falschliegen. Denn sie wacht auf, weil gerade der Wecker geklingelt hat. Den hat Franziska gestellt, weil für sie die Schulpflicht gilt. Und die ist politisch geregelt. Die Politik regelt aber noch mehr, was Franziska an diesem Tag begegnet. Hier eine kleine Auswahl:

- Was in ihren Frühstücks-Schokopops enthalten sein darf und was auf der Packung stehen muss.
- Welche Inhaltsstoffe der Augenbrauenstift enthalten darf, mit dem sie sich nach dem Frühstück herrichtet.
- Was für Sachen sie in der Schule lernt.

- Wie die Prüfungen aussehen, auf die sie sich später einmal vorbereitet.
- Wie lange sie nebenher jobben darf, wenn sie ihr Taschengeld aufbessern will.
- Ob sie in der Öffentlichkeit rauchen darf.
- Ob sie im Alter von 13, 16 oder erst 18 mit einem erwachsenen Freund schlafen kann, ohne dass das Ganze strafbar ist.
- Unter welchen Bedingungen sie abtreiben könnte, wenn sie schwanger würde.
- Ob sie einen Mindestlohn bekommt, wenn sie arbeitet, oder ob sie sich vielleicht mit vier Euro in der Stunde abspeisen lassen muss.
- Wie viel sie von ihrem Arbeitslohn an Kranken- oder Rentenkassen zahlen muss.
- Was sie selbst zahlen muss, wenn sie zum Arzt geht.
- Ab wann sie einen Führerschein fürs Motorrad oder Auto machen darf.

Unnötig zu sagen, dass diese Liste nicht vollständig ist.

Politiker regeln also im Leben jedes Einzelnen eine ganze Menge. Gleichzeitig muss man feststellen: In Ländern wie Deutschland können die meisten Menschen mit ihrem eigenen Leben ganz zufrieden sein. Dennoch sind »die Politiker«, also diejenigen, die gesetzliche Regeln für dieses Leben aufstellen, als Gruppe ziemlich unbeliebt. Aber warum eigentlich? Sind sie ein ekliger Haufen von abgehobenen, machtgeilen Halbverbrechern?

Politik verbiegt.

Es ist zwar weit verbreitet, sich über *die Politiker* irgendwie aufzuregen. Aber meistens bringt Irgendwie-Aufregen nicht sonderlich viel. Genauso ist es mit dem Irgendwie-Aufregen über *die Politiker*. Einen Schritt weiter bringt einen die Frage: »Warum sind die so, wie sie sind?«

Die Antwort beginnt damit, dass es oft eine bestimmte Sorte von Leuten ist, die in die Politik geht. Es sind Leute, die sagen: Von selbst läuft der Politikbetrieb nicht und von selbst ändert sich nichts. Es sind aber auch Leute, die sagen: »Ich will etwas bewegen. Ich will etwas verändern.« Sprich: Wer es in der Politik auf Dauer aushalten will, der sollte von sich selbst hundertprozentig überzeugt sein. Gern auch noch ein bisschen mehr als hundert Prozent. Er sollte gern »ICH« sagen oder auf Latein: Er sollte ein ordentliches *Ego* haben.

Im Politikbetrieb sind also eine Menge große *Egos* zusammengesperrt. Sobald sie eine bestimmte Stufe erreicht haben, bekommen sie meist zusätzliches Futter für ihr Ego. Wenn der Herr Gemeinderat oder die Frau Stadträtin irgendwo aufkreuzt, dann werden sie oft mit einem Respekt begrüßt und behandelt, den sie sonst vielleicht nicht bekommen. Und wenn jemand Landtagsabgeordneter oder gar Bundestagsabgeordneter ist, dann ist er (oder sie) endgültig etwas Besonderes.

Futter fürs Politiker-Ego

Spätestens auf dieser Stufe geht es dann los mit ganz greifbaren Dingen, die Politiker vom Rest der Menschheit abheben. Der Politiker hat Mitarbeiter, die ihm Arbeit abnehmen. Er hat ein hübsches Arbeitszimmer. Ihm steht ein Fahrdienst mit dicken dunklen Autos zur Verfügung.

Natürlich brauchen Landtagsabgeordnete oder Bundestagsabgeordnete Hilfe von Mitarbeitern. Sie brauchen ein ordentliches Büro. Sie können nicht immer nur zu Fuß durch die Gegend laufen. Aber sie können sich auch meist nicht dagegen wehren, dass sie sich als etwas Besonderes fühlen, sobald ihnen vieles zur Verfügung steht, was ihnen nicht zur Verfügung stand, bevor sie Politiker wurden.

In Europa wird man als Politiker zwar nicht unbedingt reich, aber man verdient ganz gut. Ein deutscher Hauptschullehrer, der es schafft, Landtagsabgeordneter zu werden, verbessert sich wirtschaftlich ganz eindeutig. Und in vielen Ländern haben es Politiker so eingerichtet, dass sie rundum wohlhabend sind, wenn sie den Politikbetrieb verlassen. Auch das ist zusätzliches Futter fürs Ego.

Ab einer gewissen Stufe interessieren sich dann auch Journalisten dafür, was der Politiker zu diesem oder jenem zu sagen hat. Der Politiker bekommt also noch mehr Futter für sein Ego. Denn wer interviewt wird, fühlt sich wichtig. Und Politiker werden zwar immer mal wieder beschimpft und angegriffen – sie erleben es aber auch immer wieder, dass sie vor großen Versammlungen von Menschen stehen, die ihnen zu Hunderten oder gar Tausenden applaudieren und zujubeln. Und das ist schon was fürs Ego, wenn man da am Rednerpult steht und die Leute unten klatschen wie wild. Da geht es dem 60-jährigen Politiker nicht anders als dem 16-jährigen DSDS-Kandidaten.

Eine ganze Reihe von Politikern fühlt sich auch nicht nur wichtig, sie *sind* wichtig. Sie haben Macht. Die Macht, Gesetze zu beeinflussen, Entscheidungen über Millionen und Milliarden von Euro zu treffen. Und Macht ist endgültig echtes Kraftfutter fürs Ego.

Nicht wenige Politiker können auch erleben, dass Macht sexy ist. Zumindest männliche Politiker erleben das. Der frühere SPD-Minister Franz Müntefering hat eine Frau geheiratet, die 40 Jahre jünger ist. Der frühere SPD-Bundeskanzler Willy Brandt war für eine 33 Jahre Jüngere attraktiv genug, dass sie sich mit ihm zusammentat. Dass es allerdings auch beim Thema »älterer Mächtiger und jüngere Geliebte« Grenzen gibt, musste der CDU-Politiker Christian von Boetticher erleben. Als er 40 Jahre alt war, hat er es geschafft, eine 16-Jährige so von sich zu überzeugen, dass sie einige Monate mit ihm eine Beziehung lebte und auch mehrere Nächte mit ihm verbrachte. »Es war schlichtweg Liebe«, sagte er hinterher. Ob diese 16-Jährige auch für einen 40-jährigen Supermarkt-Kassierer so sehr in Liebe entbrannt wäre, um mit ihm ein Hotelbett zu teilen, wissen wir nicht. Was wir sehr wohl wissen: Ein 40-jähriger Berufspolitiker und eine 16-Jährige, das kam in der Öffentlichkeit dann doch nicht gut an. Der Mann, der gute Chancen hatte, Ministerpräsident von Schleswig-Holstein zu werden, hat im Jahr 2011 seine Karriere erst mal beendet.

Leben im Raumschiff

Macht verändert Politiker. Und sie entfernt den Politiker vom Rest der Welt. Ab einer bestimmten Stufe hat er nicht nur ein oder zwei Mitarbeiter, sondern er kann Dutzenden Leuten Anweisungen geben. Er hat nicht nur das Recht, den Fahrdienst des Bundestages oder Landtages zu nutzen, sondern er hat als Minister, Ministerpräsident oder Kanzler (oder Kanzlerin) stets einen eigenen Chauffeur. Dann kümmern sich auch noch Sicherheitsleute darum, dass dem Politiker nur ja nichts geschieht. Spätestens wer auf dieser Stufe ist, kann sich gegen eines nicht mehr wehren: Er wird noch einmal neu *sozialisiert*. Und zwar in die Rolle des Riesen-Egos, das – abgehoben vom Rest der Welt – Macht über andere ausübt.

Gleichzeitig wird dieses Ego aber auch laufend verbogen. Kein Politiker kann jemals sofort und genau das durchsetzen, was er für richtig hält. Die Grünen-Politiker beispielsweise, die in den 1980er-Jahren den Ausstieg aus der Kernenergie verlangten, mussten erst einmal 30 Jahre warten, bis dieser Ausstieg überhaupt begann. Und dann mussten die Kernkraftgegner feststellen, dass jahrzehntelang jede Menge hochgefährlicher Atommüll angefallen ist. Um diesen Müll müssen sich Politiker kümmern. Im Zweifelsfall auch die Politiker, die eigentlich immer dagegen waren, dass solcher Abfall produziert wird. So kann es schließlich passieren, dass ein Umweltminister von den Grünen (oder vielleicht auch mal von der Piratenpartei) ein Atommüll-Endlager in Deutschland zu managen hat – auch wenn er nichts ekliger findet als diese Aufgabe.

Der Grünen-Politiker Thomas Kretschmann beispielsweise musste erleben, wie es ist, wenn man nicht selbst demonstriert, sondern andere gegen einen demonstrieren. Nachdem er Ministerpräsident von Baden-Württemberg geworden war, flog auch schon mal der Schuh eines Protestierers in seine Richtung. Weil Kretschmann plötzlich zu denen gehörte, die politische Entscheidungen umsetzen. In diesem Fall war es das Bauprojekt »Stuttgart 21«, das den Schuhwerfer so ärgerte, dass er den grünen Ministerpräsidenten attackierte.

Dabei ist es bei Themen wie Bahnhofsneubau oder Kernenergie noch relativ einfach. Entweder man macht es oder man lässt es sein. Entweder man lässt Atomkraftwerke laufen oder man schaltet sie ab. Bei anderen Politikbereichen wie Steuern, Bildung oder Gesundheit ist die Sache tausendmal komplizierter. Hier geht es ständig nur darum, nicht seine eigenen Ideen durchzusetzen, sondern mit anderen Leuten Kompromisse auszuhandeln. Das muss erst einmal nichts Schlimmes sein. Aber wer dauernd Kompromisse schließt, gerät in die Gefahr, dass er irgendwann gar nicht mehr weiß, was er für *wirklich richtig* hält. Und was für *wirklich falsch*.

Feind, Todfeind, Parteifreund

Politiker werden aber nicht nur durchs ständige Kompromisseschließen laufend weiter sozialisiert. Sie müssen auch stets damit rechnen, dass andere sie wegboxen wollen. Und zwar nicht nur Politiker aus anderen Parteien, sondern auch die sogenannten

Parteifreunde. Egal in welcher Partei: Überall krachen ständig die Egos der Politiker aufeinander. Denn viele möchten nach oben. Doch dort ist nicht genug Platz für alle. Innerhalb der Parteien fliegen also ständig die Fetzen. Es ist ein alter, aber immer noch beliebter Scherz: Was ist die Steigerung von »Feind«? Die Antwort: »Feind – Todfeind – Parteifreund.«

Der Politikbetrieb ist also keine Kuschelveranstaltung. Nach außen wollen die Parteien aber als Bund guter Freunde auftreten. Das führt dazu, dass Politiker laufend unehrlich sein müssen. Wenn der eine vom andern *denkt*: »Ich kann deine Fresse nicht mehr sehen«, dann darf er das auf keinen Fall *sagen*. Als der CDU-Politiker Ronald Pofalla im Jahr 2011 genau diesen Satz über seinen *Parteifreund* Wolfgang Bosbach trotzdem sagte, war die Aufregung groß. Klüger wäre es gewesen, wenn Pofalla gesagt hätte: »Wir sind nicht immer ganz einer Meinung, aber wir arbeiten insgesamt hervorragend zusammen.« Das wäre zwar eine glatte Lüge gewesen, doch solche Lügen werden von Politikern erwartet. Sie gehören zu ihrer Rolle.

Und wenn es um den Umgang mit den Politikern anderer Länder geht, wird die Lüge zur Alltagssprache. Das heißt dann Diplomatie. Politiker aus Deutschland oder auch den USA pflegen freundschaftliche Kontakte mit Diktatoren, solange sie sich etwas für ihr eigenes Land versprechen. Der libysche Diktator Ghaddafi war jahrzehntelang ein durchaus akzeptierter Gesprächs- und Verhandlungspartner. Nicht weiter verwunderlich, schließlich war sein Land ja einer der wichtigsten Öllieferanten Deutschlands. Irgendwann, als Ghaddafis eigenes Volk ihn stürzte, wandten sich die Regierungen anderer Staaten von ihm ab. Auch die deutsche.

Dass die Scheichs, die diverse Länder in Arabien regieren, kein bisschen von Demokratie halten und ihre Völker nach allen Regeln einer Diktatur unterdrücken – auch das stört in der Welt der internationalen Diplomatie nicht. Es ist halt so. Das nimmt man zur Kenntnis. Und befasst sich ansonsten mit der Frage, was das Öl kostet, das diese Länder liefern. Wenn man sich nicht gerade mit der Frage beschäftigt, welche Industrieanlagen oder auch Panzer diese Länder kaufen möchten. So sind die Regeln des Spiels, das sich Außenpolitik nennt.

Die Zeiten ändern sich – und auch die Wähler.

Das Politik-System sorgt also geradezu automatisch dafür, dass der Charakter der Politiker verbogen wird. Das führt dazu, dass – zumindest einige von ihnen – immer mal wieder Dinge tun, die man besser nicht tun sollte. Sich bestechen lassen zum Beispiel. In vielen Ländern dieser Welt heißt Politiker sein oft: raffen, was man ohne allzu große Gefahr zusammenraffen kann. In Deutschland, Österreich oder der Schweiz geht es zwar nicht so zu wie in manchen Staaten Afrikas oder Südamerikas. Aber auch hier gibt es Korruption. Die läuft dann nicht so plump, dass Politiker sich Briefumschläge mit dicken Geldbündeln zustecken lassen. Eher schon gibt es günstige Kredite oder *nette* Einladungen in hübsche Ferienhäuser. Der frühere Bundespräsident Christian Wulff hat gezeigt, wie es aussieht, wenn ein Politiker sich zu sehr mit reichen Leuten einlässt, die als Freunde daherkommen.

Die Sozialisation im Politikbetrieb führt aber auch dazu, dass sich Politiker von den »normalen Leuten« entfernen, zu denen sie ganz am Anfang oft selbst einmal gehört haben. Gleichzeitig gehen »normale Leute« immer seltener aus dem Grund in die Politik, weil sie sagen: »Was die Rechten wollen, ist Mist – deswegen mache ich als Linker Politik« oder auch: »Was die Linken wollen, ist Mist – deswegen mache ich als Rechter Politik.« Heute gehen junge Leute oftmals in die Politik, weil sie dort nichts anderes als Karriere machen und ihr Ego ausleben wollen.

Sag mir, wo du herkommst – und ich sage dir, was du wählst.

Das kann man vielen jungen Karrierepolitikern auch fast nicht vorwerfen. Denn was als »links« zu gelten hat und was als »rechts«, das ist nicht mehr so klar, wie es vor einigen Jahrzehnten noch schien. Wahlforscher stellen schon seit vielen Jahren fest, dass die sogenannten Wähler-*Milieus*, die lange Zeit relativ stabil waren, immer mehr verschwimmen. Wer in den 60er-Jahren in Hamburg oder Duisburg in eine Arbeiterfamilie geboren wurde und später selbst Arbeiter wurde, bei dem war ziemlich wahrscheinlich, dass er in die Gewerkschaft ging und *SPD* wählte. Er wollte, dass die »kleinen Leute« mehr bekommen. Er wollte, dass die Reichen etwas abgeben. Er wollte, dass Arbeiter mehr Einfluss auf Entscheidungen von Firmen bekommen und Arbeiterkinder bessere Chancen an der Schule und der Uni haben sollten. So jemand war *links*. Das gehörte zu seinem Milieu. Und wenn er in die Politik ging, dann hatte er – zumindest am Anfang seiner

Karriere – eine Erinnerung daran, wo er herkam und was er früher einmal politisch erreichen wollte.

Wer in Niederbayern oder im Münsterland in eine Bauernfamilie geboren wurde, bei dem war ziemlich wahrscheinlich, dass er selbst Bauer wurde, der katholischen Kirche treu blieb und *CDU* bzw. *CSU* wählte. Er hielt nicht viel davon, dass den einen etwas weggenommen wird, damit andere mehr bekommen. Denn für Bauern ist das Eigentum heilig – selbst dann, wenn sie selbst eigentlich nicht so viel besitzen. Auch dass Arbeiter in einem Betrieb etwas mitzureden haben sollen, würde so ein Bauer für keine gute Idee halten. Am Ende wollen die, die ihm beim Melken oder auf dem Acker helfen, auch noch etwas mitreden. Ein solcher Bauer war konservativ, er war *rechts*.

Wer irgendwo in Westdeutschland in eine Unternehmerfamilie geboren wurde und später selbst Unternehmer wurde, bei dem war ziemlich wahrscheinlich, dass er *FDP* oder CDU/CSU wählte. Von Arbeitnehmerrechtenoder Umverteilung hielt er nichts. Er war rechts oder *liberal*, denn das gehörte zu seinem Milieu. Wer in Ostdeutschland aus einer Arbeiterfamilie oder auch aus einer Beamtenfamilie stammte, bei dem war es nach 1990 erst einmal ziemlich wahrscheinlich, dass er *Die Linke* wählte.

Lechts und rinks

Die politischen Parteien waren aber nicht nur verschiedenen *Milieus* zugeordnet, ihre Politik wurde von den Bürgern auch über Gegensatzpaare wahrgenommen. »Die SPD kümmert sich um die

Interessen der kleinen Leute, sieht zu, dass die Reichen hohe Steuern zahlen und die Arbeiter niedrige – CDU/CSU und FDP hingegen haben mehr die Interessen von Unternehmern, aber auch von Ladenbesitzern oder Ärzten im Blick und kümmern sich darum, dass die Wirtschaft rundläuft«, so lässt sich ein solches Gegensatzpaar formulieren.

Die Zeiten, in denen solche Gegensatzpaare einigermaßen passten, sind jedoch vorbei. Ein Beispiel: Der Spitzensteuersatz, also der höchste Prozentanteil, den Gutverdiener von ihrem Einkommen zahlen müssen, lag in den 1980er-Jahren bei 56 Prozent. Damals regierten zeitweise CDU und FDP. Deutlich unter 50 Prozent gedrückt wurde der Spitzensteuersatz von einer SPD-geführten Regierung im Jahr 1999. Hier haben also die Sozialdemokraten etwas auf den Weg gebracht, was man von Union und FDP erwartet hätte. Der Dichter Ernst Jandl könnte sich mit seinem spöttischen Spruch durchaus bestätigt fühlen: »Manche meinen, lechts und rinks kann man nicht velwechsern – werch ein Illtum«, hat er schon vor Jahrzehnten getextet.

Frühere Wähler-Milieus wie »Arbeiter« oder »Katholische Landbevölkerung« haben also immer weniger Bedeutung. Gleichzeitig bilden sich neue Milieus. Die *Grünen* schöpfen Wahlerfolge aus einem Milieu von halbwegs gut verdienenden, gut ausgebildeten Leuten, die sich eine intakte Umwelt wünschen und selbst gesund leben möchten. Die *Piratenpartei* kommt aus einem ähnlichen Milieu. Sie stützt sich aber auf Leute, denen die Profi-Politiker der Grünen inzwischen zu alt geworden sind, und auf Leute, die viel Zeit am Computer und im Internet verbringen – und die sich daher für Fragen wie »Informationsfreiheit im Netz« interessieren, die bei anderen Parteien eher nicht im Vordergrund stehen. Zumal viele Politiker, die nicht in der Piratenpartei aktiv sind, große Mühe haben, die Themen dieser Partei und ihrer Anhänger überhaupt zu verstehen.

Aber warum eigentlich? Und warum verstehen vor allem Jugendliche es wiederum nicht, wenn die Politiker der traditionellen Parteien bestimmte Regeln mit Zähnen und Klauen verteidigen? Etwa zum Urheberrecht?

Kapitel Sechzehn

Was Gummibärchen und Lady Gaga miteinander zu tun haben.

Wie Lieder und Filme mit Politik und Regeln zusammenhängen. Und warum plötzlich von Gummibärchen die Rede ist.

Den Brief mit dem schockierenden Inhalt hat nicht Lisa aufgemacht, sondern ihr Vater. Doch es ging um etwas, das sie betraf. Mit ihrem Computer sei ein Film illegal aus dem Internet heruntergeladen worden, schrieb eine Rechtsanwaltskanzlei. Deshalb sei eine Strafzahlung von 650 Euro fällig. Wenn Lisa und ihre Familie darauf eingingen, dann würden sie keine weiteren Schwierigkeiten bekommen, hieß es in dem Brief. Wenn sie sich weigerten, sei allerdings gewaltiger Ärger zu erwarten.

Lisa beteuert, sie habe den Film, um den es da geht, nie aus dem Internet heruntergeladen. Aber sie schiebt hinterher, dass sie natürlich mit Freundinnen und Freunden Musik austauscht. Sie hat dabei auch kein schlechtes Gewissen. »Das tut doch niemandem weh, oder?«, fragt sie.

Das Internet sorgt dafür, dass alte Regeln radikal infrage gestellt werden. Und es schafft neue Regeln. Zu den alten Regeln gehört: Wer ein Lied komponiert hat, wer einen Film gedreht hat, wer ein Buch geschrieben hat, der hat ein Recht darauf, zu bestimmen, was mit seinem *Werk* geschieht. Üblicherweise will ein solcher *Urheber* Geld dafür, wenn jemand sein Werk nutzt. Und auch alle anderen, die mit der Verbreitung eines solchen Werks zu tun haben, möchten etwas verdienen.

Bei gedruckten Büchern wird es kaum jemanden geben, der sagt, dass er diese Regel nicht versteht. Auch du, liebe Leserin oder lieber Leser, wirst das Buch, das du gerade in Händen hältst, ja nicht geklaut haben. Und wenn, dann hättest du wohl ein nicht ganz reines Gewissen.

Sei brav, gib ab

Bei E-Books, vor allem aber bei Filmen und Musik, sieht die Sache anders aus. Da gilt eine alte soziale Norm auf ganz neue Weise. Die Norm, dass man das, was man hat, mit anderen teilen soll. Wer beim *Filesharing* nicht mitmacht, verstößt gegen den guten Ton. Wer heute 13, 14 oder 16 ist, der hat, seitdem er denken kann, immer wieder eines gehört: Er soll vom dem, was er hat, anderen etwas abgeben. Wer 50 Gummibärchen hat, soll sie mit den andern teilen. Denn 50 Gummibärchen sind ja wohl mehr als genug. Also kann man etwas davon abgeben. So gehört sich das.

Nun stellt sich für Jugendliche heute die Frage: Warum sollte das beim neuen Album von Lady Gaga anders sein? Warum soll es da *kein* netter Zug sein, das auf dem Schulhof mit anderen zu teilen? Zumal ich ja beim Gummibärchen-Teilen das Problem

habe, dass mir selbst jeder Gummibär, den ich abgebe, hinterher fehlt. Wenn ich hingegen meine Musik teile, habe ich sie hinterher immer noch. In all ihrer Pracht.

Ein Gummibärchen-Produzent und ein Chef eines Musiklabels würden dazu vielleicht den gleichen Kommentar abgeben. Wer viele Gummibärchen verteilen möchte, der muss viele kaufen. Das macht den Hersteller froh und seine Beschäftigten ebenso. Gummibärchen-Teilen steigert den Umsatz der Süßwarenindustrie. Wer Musik teilt, macht das genaue Gegenteil. Wer sein (hoffentlich brav selbst gekauftes) Lady-Gaga-Album mit drei anderen Leuten teilt, sorgt dafür, dass diese drei das Album schon mal nicht mehr kaufen. Musik-Teilen senkt den Umsatz der Unterhaltungsindustrie.

Lisa und ihre Freunde sagen nun: Die kommt auch so zurecht, die Unterhaltungsindustrie. Wird schon nicht pleitegehen. Ob sie damit recht haben, ist ein eigenes Thema. Interessant ist aber vor allem eines: Lisa und ihre Freunde können beim besten Willen nicht erkennen, warum es Unrecht sein soll, was sie tun. Ihnen fehlt das *Unrechtsbewusstsein*. Auch ihr *Über-Ich* meldet sich nicht (siehe Kapitel 7). Sie verstehen gar nicht, warum es die Norm des *Urheberrechts* gibt, und warum Autoren, Musiker, Grafiker geschädigt werden, wenn Millionen Menschen laufend gegen diese Rechtsnorm verstoßen. Im Gegenteil. Lisa und ihre Freunde würden es eher für einen Regelverstoß halten, wenn jemand etwa seine Musik *nicht* mit anderen teilt.

Das Unverständnis der Alten

Am Urheberrecht zeigt sich, wie innerhalb recht kurzer Zeit in einem bestimmten Bereich vor allem unter jüngeren Leuten neue Normen entstehen. Normen, die wiederum von älteren Leuten beim besten Willen nicht verstanden werden. So ist für viele, die vor 30 oder 40 Jahren angefangen haben, sich für Politik zu interessieren, ziemlich schleierhaft, wie so etwas wie die Piratenpartei so schnell bemerkenswerte Wahlerfolge erzielen konnte. Eine Partei, bei deren Gründung es vor allem um das Recht ging, Filme und andere Dateien kostenlos aus dem Internet holen zu dürfen.

Die Piratenpartei präsentiert sich heute zwar vor allem als Partei der Bürgerrechte, mit Schwerpunkt Rechte im Internet. Doch Ausgangspunkt und Namensgeber ist die Internetplattform »The Pirate Bay«. Sie wurde gegründet, um ihren Nutzern freien Zugang zu Filmen und Musik zu ermöglichen. Ihre Wurzeln hat die Piratenpartei also beim Filesharing. Oder, wenn man es etwas drastischer formulieren möchte: beim bewussten Verletzen von Urheberrechten. Beim Werke-Klauen. Für eines sind die Piraten damit schon einmal ein Beweis: Manchmal ändern sich gesellschaftliche Normen und auch politische Regeln schneller, als man denkt. Was sich auch an einigen Normen zeigt, die doch ein ganzes Stück wichtiger sind als das Urheberrecht. Die Normen zur Frage »Wen darf ich lieben?« zum Beispiel.

Kapitel Siebzehn

Die Regeln ändern sich.
Und wir uns mit ihnen.

Wie laufend das Undenkbare denkbar wird –
und manchmal sogar Normalität.

Stellen wir uns Georg vor. Um seinen vierzehnten Geburtstag herum merkt er, dass er anders ist als viele andere Jungs. Es schockiert ihn maßlos, als ihm klar wird, dass er *ein Warmer* ist, *ein Schwuler*. Wie sehr ihn das schockiert, wird noch klarer, wenn wir uns vorstellen, dass Georg im Jahr 1914 geboren wurde. Bald kann er vor sich selbst nicht mehr leugnen, dass er sich zu Männern hingezogen fühlt. Das ist aber nicht nur peinlich. Es ist zu dieser Zeit auch verboten. Kriminell.

Mit 18 geht Georg nach Berlin und versucht zu leben, wie er ist. Auch dort ist das im Jahr 1932 schwierig. Und es ist gefährlich, er landet immer wieder auf Polizeiwachen. Als 1933 die Nazis die Macht an sich reißen, gerät Georg endgültig ins Visier der Staatsmacht. Er wird immer wieder festgenommen. Nach Kriegsbeginn, als die Nazis immer hemmungsloser gegen alle vorgehen, die nicht in ihr verqueres Weltbild passen, wird er in ein Konzentrationslager gesperrt.

Er überlebt die Misshandlungen, die Krankheiten, die lächerlichen Essensrationen, die ihn beinahe verhungern lassen. 1945 kommt er wieder in Freiheit. Seine Liebe zu Männern frei ausleben kann er aber immer noch nicht. Homosexualität bleibt nach dem Krieg erst einmal verboten. Haft im KZ droht Georg zwar nicht mehr, wenn er mit seinem Freund ins Bett geht, aber er muss weiterhin mit Strafen rechnen. Polizei und Staatsanwaltschaft interessieren sich zwar nicht mehr so sehr für die Schwulenszene von Berlin. Doch erst 1969 wird im westdeutschen Strafgesetzbuch der Paragraph 175 so geändert, dass Georgs Liebe zu Männern nicht mehr strafbar ist. Er macht eine Flasche Sekt auf.

Es dauert eine ganze Zeit, bis er weitere Sektflaschen aufmacht, dafür werden es immer mehr. Auch in der DDR wird das Schwulsein Stück für Stück entkriminalisiert. Kurz vor der Wiedervereinigung wird Homosexualität auch im sozialistischen Deutschland aus dem Strafgesetzbuch herausgenommen. Als der SPD-Politiker Klaus Wowereit seine Liebe zu einem Mann öffentlich macht und klar wird, dass ein Schwuler die deutsche Hauptstadt regiert, macht Georg wieder eine Flasche Sekt auf. Noch eine Flasche gibt es, als Schwule und Lesben das Recht bekommen, als Eheleute zusammenzuleben – in einer rechtlich verbindlichen Partnerschaft. Und noch eine Flasche gibt es, als offiziell wird, dass Deutschland einen schwulen Außenminister hat, Guido Westerwelle.

Wenn Musiker, Schauspieler, Fernsehleute oder Designer sich zum Schwul- oder Lesbensein bekennen, lässt Georg allerdings irgendwann keinen Korken mehr knallen. Es werden ihm zu viele. Der Entertainer Hape Kerkeling, die Tatort-Kommissarin Ulrike Folkerts, die Fernsehmoderatorin Anne Will, der Designer Wolfgang Joop – allein in Deutschland sind es so viele Namen, dass Georg es manchmal gar nicht mehr glauben kann. »Man kann sich nicht vorstellen, was ich an Veränderungen alles erlebt habe«, sagt er, kurz bevor er mit 95 Jahren stirbt.

Bist du schwul, ey? *Aber klar doch!*

Dabei hat Georg andere bemerkenswerte Veränderungen gar nicht mehr erlebt. Etwa, dass es beim Fernsehsender RTL seit dem Jahr 2011 nicht nur heißt »Bauer sucht Frau«, sondern auch »Bauer sucht Mann«. Ein schwuler Landwirt, der im Privatfernsehen zur besten Sendezeit mit einem Mann knutscht. Vielleicht hätte Georg vor Freude der Schlag getroffen, wenn er das noch hätte sehen können. Schwule Bauern als Quotenbringer im Fernsehen – wer vor ein paar Jahrzehnten so etwas als Zukunftsvision entworfen hätte, der wäre womöglich schon allein deswegen für verrückt erklärt worden.

Solange Menschen lieben, so lange gibt es Männer, die Männer lieben. Und Frauen, die Frauen lieben. Die Zahlen darüber, wie groß der Anteil von Schwulen und Lesben an der gesamten Bevölkerung ist, gehen stark auseinander. Viele Schätzungen und Statistiken schwanken zwischen ein und drei Prozent, manche liegen noch höher.

Wenn man sich in eine Schulaula stellt, in der 500 Acht- und Neuntklässler versammelt sind, heißt das: Wahrscheinlich mindestens zehn davon fühlen sich zum eigenen Geschlecht hingezogen. Wenn man nun in diese Aula ruft: »Hallo, zehn von euch sind schwul oder lesbisch!«, dann werden allerdings erst mal ein Raunen und Kichern durch die Gruppe gehen. Denn auch wenn kaum jemand öffentlich fordern würde, dass Homosexualität wieder strafrechtlich verboten wird, zur Normalität gehört sie nicht. Normal ist, dass Jungs sich mit Mädchen zusammentun, Männer mit Frauen. Das ist die Norm.

Rasanter Wandel – und Stillstand

Nach verschiedenen Zählungen ist Homosexualität in mehr als 70 Ländern weiter per Gesetz verboten, so wie es bis 1969 auch in Deutschland war. In einigen Ländern werden Schwule sogar mit der Todesstrafe bedroht. Aber man muss Deutschland gar nicht verlassen, um unter dem Schwul- oder Lesbischsein zu leiden. Wer als 16-Jähriger in einem Dorf in Mecklenburg, Schwaben oder Friesland lebt, der wird sich verdammt schwertun, mit einem anderen 16-Jährigen Hand in Hand durch die Straßen zu laufen. Oder Schwulsein im Sportverein, egal ob auf dem Dorf oder in der Großstadt? Bei der Feuerwehrjugend?

Auch über 40 Jahre, nachdem das Schwulsein als Straftatbestand aus dem Strafgesetzbuch gestrichen wurde, gibt es keinen Spieler der Fußball-Bundesliga, der sich offen dazu bekennt, dass er Männer liebt. In den Fußball-Ligen anderer Länder ist Schwulsein ebenso tabu. Rein statistisch ist es zwar so gut wie ausgeschlossen, dass unter den Profi-Fußballern Deutschlands, Spaniens, Frankreichs, Italiens und so weiter kein einziger Schwuler ist. Doch hier gilt weiterhin die eiserne Regel: Fußballer schwei-

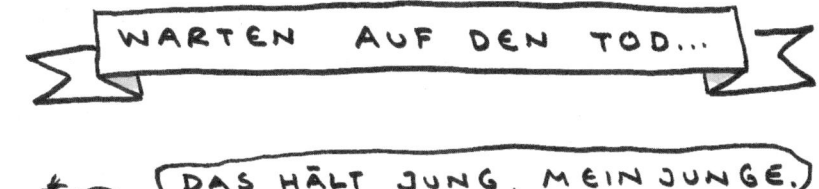

gen über das Thema. Und wenn einer von ihnen doch etwas dazu sagt, dann höchstens: »*Ich* bin schon mal nicht schwul.«

Die etablierten Fußballer geben also als Norm vor: »Schwul? Nicht bei uns!« Das macht jedem jungen Talent bereits in der D-Jugend klar: Erfolg im Fußball und Schwulsein, das geht nicht zusammen. Wenn du also Andreas liebst und in der Bundesliga spielen willst, dann vergiss Andreas lieber. Sieh dich lieber nach einer Andrea um. Und tu so, als ob sie deine Traumfrau wäre. Denn schwul zu sein, ist für die Karriere eines Jungfußballers tödlicher als jeder Kreuzbandriss.

Nur in einer Sportart gibt es eine Handvoll Spitzenleute, die sich dazu bekennen, dass ihre Liebe dem eigenen Geschlecht gilt. Im Damen-Tennis. Die früheren Tennis-Weltstars Martina Navratilova oder Amélie Mauresmo standen bereits in ihrer aktiven Zeit offen dazu, dass sie lesbisch sind. Schon beim Männer-Tennis ist es mit der Offenheit allerdings vorbei. Es ist mehr als unwahrscheinlich, dass unter den internationalen Stars des Tennissports kein einziger Schwuler ist. Aber auch hier heißt es: Darüber redet man nicht.

Ist schon okay – Kleine Wortkunde der Toleranz

Die meisten europäischen Staaten oder auch die USA sind *tolerante* Länder, so kann man immer wieder lesen – denn sie stellen beispielsweise Schwule rechtlich genauso wie Heterosexuelle. Schwule werden also *toleriert*. Wenn man dieses Wort so verwendet, muss allerdings eines klar sein: Tolerieren kann man – von der ursprünglichen Wortbedeutung her – nur etwas, das eigentlich stört. *Tolerare* nannten die Römer das, was heute mit »ertragen« oder »erdulden« ins Deutsche übersetzt wird. Aber was gibt es denn daran zu *ertragen*, wenn die einen sich anders lieben als die andern? Mag sein, dass jemand, der direkt unter einem Schlagzeuger wohnt, allen Grund und alles Recht hätte, den Schlagzeuger über sich um Ruhe zu bitten, wenn der mitten in der Nacht trommelt. Aber er *toleriert* den Musiker halt. Hier ist klar: Der Schlagzeuger tut etwas Störendes. Der Nachbar verzichtet darauf, sich über die Störung zu beklagen – was er berechtigterweise tun könnte. Er erträgt die Trommelei. Hier geht es also tatsächlich um *Toleranz*. Es gibt aber keinen vernünftigen Grund, warum sich irgendjemand mit Recht davon gestört fühlen sollte, wenn in der Nachbarwohnung Schwule leben. Also hat es nichts mit Toleranz zu tun, wenn Schwule die gleichen Rechte haben wie alle andern auch. Genauso wie es nichts mit Toleranz zu tun hat, wenn Brillenträger oder Glatzköpfe die gleichen Rechte haben wie alle andern auch.

Die gesellschaftlichen Regeln zur Frage »Darf ich Männer lieben, wenn ich selbst ein Mann bin – darf ich Frauen lieben, wenn ich selbst eine Frau bin?« haben sich in den vergangenen Jahren rasant gewandelt. Und das sind Regeln, die vorher jahrhundertelang wie in Stein gemeißelt waren. Man muss aber nicht lange suchen, um auch andere Regeln zu finden, die Menschen jahrhundertelang für unumstößlich hielten – und die plötzlich sehr, sehr wenig gelten. Beispielsweise die Regel, wie die richtige Antwort auf die Frage lautet: »Muss ich an Gott glauben?«

Leben ohne Gott? Leben ohne Gott!

Vor hundert Jahren waren in ganz Europa die allermeisten Menschen Kirchenmitglieder – oder sie waren Mitglieder einer jüdischen Gemeinde. Egal ob im Rheinland, in Sachsen oder Tirol: Erwachsen werden hieß mit religiöser Erziehung aufwachsen. Vor allem auf dem Land gehörten In-die-Kirche-gehen und Beten so fest zum Alltag wie heute das Zähneputzen.

Die Menschen, die vor hundert Jahren in Europa lebten, hätten sich wahrscheinlich nicht vorstellen können, dass von ihren Urenkeln viele nicht getauft werden. Und sie hätten sich nicht vorstellen können, dass von den Urenkeln, die getauft werden, viele als Erwachsene aus der Kirche austreten. Rund sechs von zehn Deutschen gehören zwar noch einer christlichen Kirche an, aber vor allem in Großstädten und in vielen Teilen Ostdeutschlands ist nicht mehr Christsein die Norm, sondern das Nicht-Christsein.

Kommen wir auf Jana zurück, die wir am Anfang des Buchs kennengelernt haben. Stellen wir uns vor, wir reden mit ihr nicht über Cosplay, sondern über Gott. Über den Tod, die Seele. Wir fragen Jana, ob sie an Gott glaubt, an ein Leben nach dem Tod. Vor hundert Jahren hätte sie es leicht gehabt, passende Antworten zu geben. Sie hätte jemandem, den sie neu kennenlernt, selbstverständlich geantwortet, dass sie fest an den dreieinigen Gott der

Christen glaubt, an die Auferstehung der Toten. So wie es eben im christlichen Glaubensbekenntnis steht. Natürlich hat auch vor hundert Jahren so manche 18-Jährige an diesem Glaubensbekenntnis gezweifelt. Aber sie hätte kaum offen über diese Zweifel gesprochen. Schon gar nicht mit Fremden.

Bei Kirchentagen, egal ob evangelisch oder katholisch, kommen zwar immer noch beträchtliche Massen auch junger Menschen zusammen. Aber Christsein im Alltag? Ist für junge Leute definitiv keine Norm mehr. Wenn man heute mit 16-, 17-, 18-Jährigen darüber spricht, was sie glauben, ist es leichter, Antworten zu bekommen, woran sie *nicht* glauben. Zum Beispiel würden sie sagen, dass sie nicht daran glauben, Jesus Christus sei leibhaftig in den Himmel aufgefahren, wie es im christlichen Glaubensbekenntnis heißt. Und sie glauben auch eher nicht daran, dass Christus *zur Rechten Gottes* sitzt. An irgendetwas glauben viele junge Leute aber schon. Nur wenn sie es in Worte fassen sollten, dann wird es schwer. »Irgendwas mit Buddhismus«, könnte eine Antwort sein.

Wer vor hundert Jahren als 17- oder 18-Jähriger so etwas gesagt hätte, wäre wahrscheinlich für wahnsinnig gehalten worden. Oder er hätte Ärger wegen Gotteslästerung bekommen. Schließlich galt bis vor gar nicht langer Zeit als Norm, gottesfürchtig zu sein. Das ging so weit, dass in geschriebenen Texten das Wort »Gott« hervorgehoben wurde, indem nicht nur das G als Großbuchstabe geschrieben wurde. Man schrieb GOtt oder unser HERR. Wenn ein Schüler heute in einem Schulaufsatz GOtt schriebe, dann würde er wahrscheinlich vom Lehrer gefragt, ob er sich über ihn lustig machen will. So ändern sich die Zeiten.

Es ist also heute in vielerlei Hinsicht einfacher, *autonom* zu sein, frei zu sein. Dennoch fühlen sich viele – gerade junge – Menschen alles andere als frei. Wobei sich die Frage stellt: Was kann das eigentlich heißen, frei sein?

Kapitel Achtzehn

Ich will hier raus! Ich will! Ich will?

Wer will etwas, wenn ich etwas will?
Bin ich frei? Kann ich überhaupt frei sein?

Stellen wir uns Maria vor. Sie wollte eigentlich, dass dieser Abend ganz anders verläuft. Es sollte nett werden. Ihr Freund Volker wollte ihr zeigen, wie man sich beim Sprayen »so richtig frei fühlt«. Jetzt sitzt sie auf einer Polizeiwache und fühlt sich ziemlich unfrei. Nachdem die Polizisten ihre Personalien aufgenommen haben, wartet sie darauf, dass ihre Eltern sie abholen. Noch unfreier dürfte sich Volker fühlen. Er sitzt einige Meter entfernt in einer sogenannten Gewahrsamszelle. Er war ordentlich angetrunken zum Spray-Treffen gekommen. Als sie von der Polizei erwischt wurden, hat er sich mit den Polizisten Rempeleien geliefert. Dabei ist seine Faust im Gesicht eines Polizisten gelandet. Auch er hat von den Polizisten einiges abbekommen. Er kann sich nicht erinnern, dass ihm seine Schulter jemals so wehgetan hat.

Welche Konsequenzen der 19-jährige Volker deshalb zu erwarten hat, wird wahrscheinlich ein Richter klären. Seine 17-jährige Freundin Maria wird wohl ebenfalls Ärger bekommen, wenn auch nicht so großen. Zunächst wollen aber ihre Eltern wissen:

»Warum?« Und sie antwortet: »Weil ich es *wollte*.« Weil sie ein anderes Leben führen will als ihre Eltern in ihrem Vorort-Reihenhaus.

Also hat sie sich die Haare schon vor einiger Zeit blau gefärbt. Sie kifft immer mal wieder. Am liebsten würde sie abhauen. Frei sein. Aber das lässt sich irgendwie nicht machen. Also mal Sprayen ausprobieren. Sich frei fühlen, indem man etwas tut, das nicht erlaubt ist.

Ich bin so frei?

Wenn es um Normen und Regeln geht, geht es immer auch um Freiheit. Es geht darum, was geschieht, wenn der Einzelne seinen Willen auslebt – und dabei vielleicht mit dem, was andere wollen, in Konflikt gerät. Maria war sicher, sie würde nach einem Stück Freiheit greifen, als sie die Spraydose in die Hand nahm. Und sie ist auf der Polizeiwache sicher, dass sie dafür bestraft werden soll, einfach nur frei sein zu wollen. Dass es so etwas wie Freiheit gibt, steht für sie außer Frage.

Wenn jemand sagen würde, »Freiheit existiert nicht«, würde Maria das wohl für reichlich bescheuert halten. Dennoch ist das unter Hirnforschern inzwischen die Überzeugung einer breiten Mehrheit. Einen völlig freien Willen, mit dem jeder Einzelne entscheiden kann, was er tut und was er lässt, gibt es nicht. Ausgangspunkt für diese Einschätzung sind Erkenntnisse, die in den vergangenen Jahrzehnten bei der Erforschung der Vorgänge im menschlichen Gehirn gewonnen wurden.

POLIZEI ALS SPRAYDOSE GETARNT

Viele Hirnforscher folgen inzwischen einer Argumentation, die in folgende Richtung geht: Wenn Menschen etwas sehen, hören oder fühlen, dann laufen dabei im Gehirn Prozesse ab, die sich naturwissenschaftlich beschreiben lassen. Im Gehirn sind chemische und biologische Substanzen sowie elektrische Ströme aktiv. Dabei gehorchen sie Naturgesetzen. Wenn ein Ablauf aber Naturgesetzen gehorcht, spielt der Begriff »Freiheit« dabei keine Rolle. Ein Stein, der auf den Boden fällt, entscheidet sich nicht, ob er etwas schneller oder etwas langsamer fallen möchte. Er folgt Naturgesetzen, die die Geschwindigkeit seines Fallens vorgeben. Und weil der Stein diesen Gesetzen folgt, ist die Art und Weise, wie er fällt, berechenbar.

Wenn im Gehirn 100 Milliarden Nervenzellen über 100 Billionen Verknüpfungspunkte miteinander in Kontakt treten und dabei menschliches Bewusstsein entsteht, dann ist das Ganze zwar gigantisch viel komplexer als das Herunterfallen eines Steins. Doch das ändere nichts daran, dass die Abläufe im Gehirn den Naturgesetzen unterliegen, erklären viele Hirnforscher. Der Wissenschaftler Wolf Singer hat deshalb geschrieben: »Verschaltungen legen uns fest: Wir sollten aufhören, von Freiheit zu sprechen.«

Eine Welt voller Roboter?

Singer meint damit allerdings nicht, dass die Menschheit aus lauter programmierten Maschinen besteht, von denen sich genau vorhersagen lässt, wann sie was tun werden. Ihm ist klar, dass für eine solche Vorhersage schon jedes einzelne Gehirn zu kompliziert ist. Im Labor können Wissenschaftler zwar aus den Messergebnissen in den Nervenzellen von Schnecken ziemlich genau vorhersagen, wie der nächste Zustand dieser Nervenzellen sein wird. Daraus lässt sich mitunter auch vorhersagen, was eine Schnecke als Nächstes tun wird. Aber das ganze Hirn eines Menschen ist etwas anderes als einige Nervenzellen einer Schnecke. Man kann vielleicht bei einer Schnecke durch entsprechende Messungen vorhersagen, ob sie beim Kriechen links abbiegen wird oder rechts. Man kann aber nicht Volker Elektroden in den Kopf stecken und berechnen, ob er sich in Maria verlieben wird.

Im Kopf jedes einzelnen Menschen geht es also schon zu kompliziert zu, als dass man genau vorhersagen könnte, was er als Nächstes macht. Und wenn Menschen miteinander sprechen, sich Nachrichten schicken oder auch nur sich ansehen, dann beeinflussen sie sich gegenseitig. Das Hirn des einen löst im Hirn des andern immer wieder Neues aus. Es geht also nicht nur um die Frage, ob sich vorhersehen lässt, was durch das Wechselspiel von 100 Milliarden Nervenzellen in einem einzelnen Gehirn entsteht. Es geht auch um die Frage, ob sich berechnen lässt, was durch das Wechselspiel von sieben Milliarden Gehirnen entsteht. Und da räumen sämtliche Hirnforscher ein: Selbst wenn so etwas theoretisch möglich sein sollte – das menschliche Gehirn ist schon mal nicht dazu in der Lage, eine so komplexe Berechnung anzustellen. Das heißt, für die Menschen selbst bleibt ihr eigenes Verhalten immer unberechenbar.

Dennoch bleibt Wolf Singer dabei: Wenn man es auf einer naturwissenschaftlichen Basis zu Ende denkt, existiert kein freier

Wille. Er meint damit vor allem, dass es keinen »Freiheit-Modus« gibt, den Menschen anschalten können, um anschließend völlig freie Entscheidungen zu treffen. Wenn es bei Maria beispielsweise zu ihrer Persönlichkeit gehört, dass es sie nervös macht, vor mehreren Menschen zu sprechen, dann passiert ihr bei jedem Referat in der Schule unausweichlich das Gleiche: Das Herz beginnt zu rasen und der Mund wird trocken. Wenn Maria in das kleine *System* der Schulklasse eingespannt wird, hilft es ihr nichts, zu sagen: »Ich will jetzt cool sein. Ich treffe die freie Entscheidung, cool zu sein.« Da lässt sich kein Schalter umlegen. Da ist der Wille nicht frei.

Dabei kann es sein, dass dieses Leicht-Nervös-Werden schon zu einem guten Teil zu Marias Persönlichkeit gehörte, als sie auf die Welt kam. Es kann auch sein, dass sie das Leicht-Nervös-Werden erst später sozusagen gelernt hat. Weil ihre Eltern immer große Erwartungen an sie hatten. Oder weil sie nicht so gut in der Schule war wie ihre große Schwester. So oder so: Es gehört einfach zu ihr dazu, dass sie leicht nervös wird, wenn sie vor Leuten spricht. Das kann sie nicht einfach abschalten. Da ist sie nicht frei.

Was für sie aber schon möglich ist: die Entscheidung, das Sprechen vor anderen zu üben. Und dabei könnte sie eine Auswahl unter verschiedenen Techniken oder Kursen treffen. Menschen leben also nicht in einer Welt mit völliger Entscheidungsfreiheit. Aber sie leben in einer Welt, in der sie immer wieder Entscheidungen treffen können, bei denen sie einen – jeweils unterschiedlich großen – Entscheidungs*spielraum* haben.

SCHREIEN?
MIT DEN FÄUSTEN AN DEN DECKEL TROMMELN? WEINEN? IST SCHON BEMERKENSWERT, WAS FÜR EINEN ENTSCHEIDUNGSSPIELRAUM MAN ALS LEBENDIG BEGRABENER HAT.

Wir sind so frei!

Ob man Gedankengängen wie denen von Wolf Singer folgen mag oder nicht, ist bei der Frage »Gibt es Freiheit?« letztlich fast egal. Denn Singer selbst stellt – wie auch andere Hirnforscher – fest: Es gibt in jedem Fall einen freien Willen. Das klingt zwar nach einem kompletten Widerspruch zu dem, was Singer und andere Hirnforscher sonst noch so schreiben. Doch dieser Widerspruch lässt sich auflösen.

Freier Wille, meint Wolf Singer, existiert als gesellschaftliche Übereinkunft. Auch er ist sozusagen eine Norm. Die meisten modernen Gesellschaften gründen auf der Idee, dass sich der einzelne Mensch in vielerlei Hinsicht frei entscheiden kann. Oder wie es ein Sprichwort sagt: *Jeder ist seines Glückes Schmied.* Dieser Spruch heißt ja nichts anderes, als dass jedem alle Möglichkeiten offenstehen. Für welche Möglichkeit er sich am Ende entscheidet, ist seine Sache.

Es liegt zwar auf der Hand, dass dieses Sprichwort so nicht stimmt. Stellen wir uns hundert Kinder vor, deren Eltern von Hartz IV leben. Diese Kinder beschließen an ihrem zehnten Geburtstag: »Wenn wir 40 sind, wollen wir alle ein schönes Haus haben, das uns selbst gehört. Wir wollen alle Abitur gemacht haben und auch einen prima Berufsabschluss. Wir wollen nicht rauchen, weil das unserer Gesundheit nicht guttut. Und überhaupt wollen wir so schön und glücklich sein wie die Leute, die man in der Werbung sehen kann.« Man kann darauf wetten, dass nur bei einem geringen Teil dieser Kinder aus Hartz-IV-Familien alle diese Wünsche in Erfüllung gehen. Weil sie sich mit ihrem freien Willen entschieden haben, doch nicht so viel zu verdienen? Weil sie sich frei entschieden haben, ein eher ungesundes Leben zu führen?

Stellen wir uns hundert andere Zehnjährige vor. Deren Eltern leben in schönen Villen, haben vielleicht Ferienhäuser. Diese Eltern haben alle Abitur und auch tolle Berufsabschlüsse. Von den hundert Zehnjährigen aus diesen Familien wird mit Sicherheit der Wunsch »Mit 40 will ich wohlhabend und gut ausgebildet sein« in weit mehr Fällen erfüllt als bei den Kindern aus den Hartz-IV-Familien. Die Statistiken zeigen auch ganz klar: Von diesen Kindern werden später weniger zu Rauchern. Denn Rauchen ist inzwischen eher etwas für Hauptschüler als für Gymnasiasten. An Hauptschulen greifen doppelt bis dreimal so viele Jugendliche zur Zigarette wie an Gymnasien, das zeigen groß angelegte Umfragen immer wieder.

Mit der Freiheit, sein Glück selbst zu schmieden, ist es also nicht ganz so weit her. Dennoch wird den Hartz-IV-Kindern bei jeder Gelegenheit gesagt: *Wenn ihr euch nur ordentlich anstrengt, dann könntet ja auch ihr reich und gut ausgebildet werden. Es verbietet euch niemand. Es gibt kein Gesetz, in dem steht: »Für Arme ist Erfolg verboten.«* Also bleibt den Hartz-IV-Kindern nicht viel anderes übrig, als bei diesem Spiel mitzuspielen. Sie ahnen, dass sie nicht wirklich frei sind beim Schmieden ihres Glückes. Aber sie müssen eben zusehen, was sie mit dem Hammer anfangen, den man ihnen in die Hand drückt. Es gilt also die gemeinsame Übereinkunft »Wir sind alle frei«. Und weil das so ist, wird jeder Einzelne dazu verpflichtet, die Verantwortung für seine Entscheidungen zu übernehmen. Selber schuld, wenn das Leben nicht ganz so toll verläuft.

Alles neu

Dass die gesellschaftliche Übereinkunft »Jeder ist frei« für alle Menschen gelten soll, ist noch keine sonderlich alte Entwicklung. Sklaven, die ihrem Besitzer ähnlich gehörten wie heute Kühe oder Katzen, gab es nicht nur im alten Rom oder Ägypten. In den USA ist es gerade mal rund 150 Jahre her, dass die Sklaverei abgeschafft wurde. In Brasilien war es erst 1888 so weit. Es ist also nicht schwer, in Brasilien Leute zu finden, deren Großeltern noch Sklaven waren.

Auch in Europa, also auch in Deutschland, gab es jahrhundertelang die *Leibeigenschaft*. Das heißt, ein großer Teil der Bevölkerung konnte in vielen Fragen keine eigene Entscheidung treffen. Wer um 1300, 1500 oder auch 1700 in Deutschland als Bauer geboren wurde, konnte nicht frei wählen, wo er leben wollte, was er arbeiten wollte, wen er heiraten wollte, welche Religion er ausüben wollte. Damals war die Gesellschaft nach dem Prinzip aufgebaut, dass die Menschen nicht gleich sind und keine gleichen Rechte haben. Schon gar nicht das Recht auf freie Entscheidungen.

Die meisten modernen Gesellschaften sind völlig anders aufgebaut. Sie gehen von der Annahme aus, dass die Menschen gleiche Rechte haben. Auch das Recht, freie Entscheidungen zu treffen. Allerdings wird von den Menschen in der modernen Gesellschaftsordnung auch verlangt, dass sie die Verantwortung für ihre (vermeintlich) freien Entscheidungen übernehmen. Dass es hier aber schnell knifflig werden kann, zeigt sich, wenn jemand seine Entscheidungsfreiheit nützt, um gegen Regeln und Gesetze zu verstoßen.

Selber schuld

Nehmen wir Maria und ihren Freund Volker. Sie haben gemeinsam eine Sachbeschädigung begangen, Volker dazu noch Körperverletzung und Widerstand gegen Vollstreckungsbeamte. Wenn sie beide 30 Jahre alt und stocknüchtern gewesen wären, würde der Richter andere Maßstäbe anlegen, als er es in diesem Fall tut. Doch weil Maria 17 ist, wird sie als Jugendliche beurteilt. Weil Volker noch vergleichsweise jung ist, wird auch er möglicherweise nicht wie ein Erwachsener behandelt, sondern wie ein Jugendlicher. Und weil er ziemlich betrunken war, wird der Richter vielleicht eine »verminderte Schuldfähigkeit« feststellen. Auf die Frage, wie viel Verantwortung sie für ihr Handeln übernehmen müssen, gibt es also eine andere Antwort als bei nüchternen Erwachsenen.

In den modernen Rechtssystemen gilt es als ausgemachte Sache, dass Kinder gar keine Verantwortung für das übernehmen müssen, was sie tun. Ab dem 14. Lebensjahr geht es dann los mit der *Strafmündigkeit.* Auf dieses Alter ist zumindest in Deutschland die Grenze festgelegt, ab der das Jugendstrafrecht greift. Wer nach Ansicht des Gerichts Probleme mit der *Reife* eines Erwachsenen hat, kann auch nach dem 18. Geburtstag gemäß den Regeln für Jugendliche verurteilt werden – bis zum 21. Geburtstag. Andere Länder haben andere Altersgrenzen. Das allein zeigt schon, dass es eine Frage der Übereinkunft ist, wann jemand Verantwortung für sein Tun tragen sollte. Ob man mit 18 oder 20 oder auch mit 16 als volljährig oder voll strafmündig gelten sollte, ist kein Naturgesetz, sondern ein menschengemachtes Gesetz.

Spinnst du?

Dass die Sache mit dem freien Willen und der Verantwortung etwas schwammig ist, zeigt sich auch dann, wenn die Frage aufgeworfen wird: »Ist der Täter eigentlich noch normal? Oder ist er verrückt?« Denn Menschen mit geistigen Behinderungen oder psychischen Krankheiten können nach den Regeln der modernen Rechtssysteme für vieles keine Verantwortung übernehmen. Also auch nicht für Rechtsverstöße. Deswegen wird der junge Mann, dem Stimmen in seinem Kopf gesagt haben, er solle seine Mutter töten, vor Gericht anders beurteilt als derjenige, der ohne solche Stimmen einen Mordplan geschmiedet hat.

Gerade beim Strafrecht zeigt sich, dass die Frage »Ist das noch normal?« einen sehr schnell in unwegsames Gelände bringt. Wer sich selbst als normal betrachtet, wird sagen: Jemand wie der Norweger Anders Behring Breivik, der im Sommer 2011 mit eiskalter Seelenruhe 77 ihm völlig unbekannte Menschen getötet hat, ist nicht normal. Einer, der durch ein Jugend-Camp läuft und lauter junge Leute totschießt, die er noch nie gesehen hat, muss irgendwie verrückt sein. Nun sehen aber die modernen Rechtssysteme vor, dass »Verrückte« nicht für ihre Taten verantwortlich gemacht werden. Sie werden zwar ebenfalls weggesperrt. Aber nicht ins Gefängnis, sondern in die Psychiatrie.

In der Psychiatrie sollte – theoretisch zumindest – versucht werden, die psychische Krankheit solcher Täter zu behandeln. Das Ziel: Sie sollen später wieder unter gesunden Menschen leben können. Wer einem andern ein Messer in den Bauch stößt, weil er Stimmen hörte, die ihm das befohlen haben, der soll so behandelt werden, dass er solche Stimmen nicht mehr hört. Oder ihnen zumindest nicht mehr gehorcht. Dann kann er vielleicht irgendwann wieder in die Welt der Gesunden zurückkehren. Und das Messer in der Küchenschublade lassen.

Wer hingegen jemand anderem ein Messer in den Bauch rammt, weil er ihn bewusst verletzen oder gar töten will, der kommt nicht in die Psychiatrie, sondern ins Gefängnis. Auch hier gilt das Ziel, dass er später wieder in die Gemeinschaft der Nicht-Kriminellen zurückkehrt. Der Kriminelle soll *resozialisiert* werden. Das Rechtssystem geht also davon aus, dass bei der *Sozialisation* (siehe Kapitel 6) etwas schiefgelaufen ist. Außerdem soll die Strafe andere abschrecken. Wer sich überlegt: »Eigentlich könnte ich meinem blöden Nachbarn mal ein Messer in den Bauch stoßen«, der soll vorher wissen: Darauf steht Gefängnis. Auch hier geht es also darum, dafür zu sorgen, dass Regeln befolgt werden.

Das heißt, die modernen Rechtssysteme stützen sich auf folgende Annahme: Ein psychisch Kranker kann sich nicht frei entscheiden, ob er ein bestimmtes Verbrechen begeht oder nicht. Damit er keine Verbrechen mehr begeht, muss man ihn aus dem Verkehr ziehen und eventuell eine Heilung versuchen. Ein Krimineller hingegen könnte sich mit seinem freien Willen dagegen entscheiden, ein Verbrechen zu begehen. So vermutet man zumindest. Damit er seinen freien Willen künftig tatsächlich so einsetzt, muss der Kriminelle bestraft werden. Worum es in beiden Fällen *nicht* gehen soll, ist Rache, Vergeltung.

Wenn der 19-jährige Volker einem Polizisten eine auf die Fresse gegeben hat, dann ist es nicht die Aufgabe des Richters, Volker mit einer Strafe sozusagen wiederum eine auf die Fresse zu geben –

damit der geschlagene Polizist möglicherweise denken kann: »Geschieht ihm recht.« Es geht theoretisch zumindest darum, dass Volker lernt, sich künftig wieder *normal* zu verhalten. Und dazu gehört, dass man Polizisten nicht schlägt. Strafe soll also, wenn man so möchte, Kriminelle erziehen. Und wenn es um Kriminelle geht, die als psychisch krank gelten, dann geht es darum, sie zu heilen. So oder so will man sie dazu bringen, wieder normal zu sein. Wobei sich immer die Frage stellt: Was ist denn normal?

Kapitel Neunzehn

Du bist ja nicht ganz gesund.

Ist das noch im grünen Bereich, was ich will?
Und was ist eigentlich normal?

Es ist gruselig anzusehen, was mit dem 14-jährigen Martin geschieht. Sein Vater bindet ihm nachts die Hände ans Bettgestell. Denn der Vater will mit allen Mitteln verhindern, dass sein Sohn sich selbst befriedigt. Der Vater hält *Masturbation* für ein Zeichen von Geisteskrankheit. Eine Krankheit, die auch den Körper zugrunde richtet, warnt er seinen Sohn. Bis hin zu einem grausamen Tod. Ein anderer Jugendlicher sei daran jämmerlich krepiert, erklärt der Vater.

Wenn man es heute so schreibt und liest, klingt eine solche Geschichte zum Lachen. In Michael Heneckes Film »Das weiße Band« ist die Geschichte vom evangelischen Pastor, der seinen Sohn fesselt, um ihn vom Onanieren abzuhalten, aber auf entsetzliche Weise beklemmend. Der vielfach ausgezeichnete Film lässt keinen Zweifel: So war das vor gut hundert Jahren in vielen Familien tatsächlich. Masturbation galt als Zeichen von Wahnsinn. Als »ausgesprochen widerwärtige Form der Geisteskrankheit« beschrieb der britische Psychiater Henry Maudsley im 19. Jahrhundert die Selbstbefriedigung. Und viele seiner Zeitgenossen sahen das ganz genauso.

Heute gilt unter allen, die sich mit dem Thema beschäftigen, eher: Unnormal ist es, *nicht* an sich selbst Hand anzulegen. Verschiedene wissenschaftliche Studien kommen zum gleichen Ergebnis: Von 100 Männern und Jungs müssten rund 90 auf das Wort »Wichser« ehrlicherweise antworten: »Ja, das bin ich.« Bei den Frauen und Mädchen liegen die Zahlen etwas niedriger – aber auch hier reichen die Statistiken über 80 Prozent.

Die Meinungen darüber, was Wahnsinn ist und was Normalität, können also recht schnell wechseln. Was an einem nichts ändert: Es gibt natürlich Verrückte. Es gibt Menschen, die psychisch krank sind und so sehr darunter leiden, dass sie Behandlung brauchen. Nur wie viele Menschen wirklich *so sehr* von der Norm der psychisch Gesunden abweichen, dass sie behandelt werden müssen, das kann man ganz unterschiedlich sehen.

Der ganz normale Wahnsinn

Auch hierzu eine Zahl: Jeder vierte Jugendliche litt im Jahr 2011 an psychischen und seelischen Störungen, die so schwerwiegend waren, dass sie eigentlich hätten behandelt werden müssen. *Jeder Vierte?!* Von hundert Jugendlichen sind 25 so sehr neben der Spur, haben solche Ängste, so schwere Depressionen, dass sie ärztliche Hilfe brauchen?

Das ist kein Druckfehler, sondern das Ergebnis einer Studie der Techniker Krankenkasse. Das heißt: Wenn man eine Schule mit

FRAUEN

ER GAB RATSCHLÄGE,
ENTWICKELTE THEORIEN,
ERZÄHLTE GESCHICHTEN,
FÜHRTE SICH SELBST
ALS BEISPIEL AN.

1600 jungen Leuten nimmt, haben 400 von ihnen eine psychische Störung. Mit denen könnte man schon eine eigene Schule aufmachen. Da wären die *Psychos* nicht nur die Mehrheit, sie hätten hundert Prozent.

Wenn man sich andere Zahlen anschaut, kann man zu dem Ergebnis kommen: Die deutschen Jugendlichen stehen noch ganz gut da. Sie sind im Vergleich zu den Erwachsenen recht gesund. Denn wenn man *alle* Altersgruppen untersucht, findet man noch weit mehr Menschen mit psychischen Störungen. Eine Studie, die sich mit Ländern in der gesamten Europäischen Union befasst hat, kam im Jahr 2011 zu dem Ergebnis: 38,2 Prozent aller Einwohner der EU leiden mindestens einmal im Jahr an einer psychischen Störung, die »klinisch bedeutsam« ist. Das heißt, sie leiden an einer Störung, die so schwerwiegend ist, dass es sich lohnen würde, mal mit einem Arzt oder Psychotherapeuten drüber zu reden.

Die schlechte Nachricht lautet also: Wenn jemand tief in eine Depression oder eine Psychose rutscht, braucht er Hilfe. Denn wer das Gefühl hat, dass die Welt ihn erdrückt, leidet darunter mehr als jemand, der sich ein Bein bricht. Die gute Nachricht: Wer spinnt, muss nicht denken, er sei allein. Die Verrückten sind viele. Sehr viele sogar. Das wiederum heißt: Sie sollten sich nicht von den vermeintlich Normalen auch noch in die Rolle einer bemitleidenswerten Minderheit stecken lassen. Zumal die Frage, was als geisteskrank zu gelten hat, eben nicht so leicht zu beantworten ist. Und zumal immer wieder neue Antworten gegeben werden.

Vor gar nicht langer Zeit galt etwa nicht nur Selbstbefriedigung als Zeichen von Wahnsinn, sondern so gut wie jede Form der Abweichung von der Norm. Vor 60 oder 70 Jahren wären Leute wie Maria aus dem vorangegangenen Kapitel, die sich die Haare blau oder lila färben, für irre erklärt – und möglicherweise in die

Psychiatrie gesteckt worden. Heute sitzen solche Leute auch mal in feinen Bürogebäuden oder unterrichten Schulklassen.

Irrer oder Heiliger?

Auch die Frage, ob Stimmen im Kopf ein Zeichen für akuten Wahnsinn sind, kann man ganz unterschiedlich beantworten. Was würde man sagen, wenn heute ein Vater mit seinem Sohn das Haus verlässt und ihm draußen in der Natur in aller Ruhe ein Messer an den Hals setzt, um das Kind zu töten? Jeder, der diesen Vater sieht, würde schreien: »Der ist komplett verrückt.« Auch wenn dieser Vater das, was er tut, damit erklären würde, dass er einen Befehl Gottes gehört hat, würde immer noch jeder sagen: »Der spinnt.« Wenn dieser Vater allerdings Abraham heißt und die Geschichte ein paar Tausend Jahre alt ist, sieht die Sache anders aus. Dann kann dieser Mann es schaffen, zu einer der wichtigsten Figuren im Glauben von Christen, Juden und Moslems zu werden.

Auf die Frage »Was ist Wirklichkeit?« kann man also ganz unterschiedliche Antworten geben. Abraham hätte wahrscheinlich gesagt, es sei *wirklich* die Stimme Gottes gewesen, die ihm befahl, seinen Sohn zu töten. Und viele Christen, Juden und Moslems sagen heute noch, Abraham sei *wirklich* ein großer Mann gewesen. Wenn Abraham heute lebte und es ihn in eine psychiatrische Praxis verschlagen würde, dann bekäme er wahrscheinlich zu hören: »Sie haben *wirklich* ein psychisches Problem.« Oder volkstümlicher: »Sie sind *wirklich* verrückt, Herr Abraham.«

Die Soziologen Peter Berger und Thomas Luckmann haben

schon vor einigen Jahrzehnten festgestellt: Bei der Frage »Was ist Wirklichkeit?« kommt es ganz wesentlich darauf an, was eine bestimmte Gesellschaft zu einer bestimmten Zeit als Wirklichkeit ansieht. Berger und Luckmann nehmen das Beispiel der Anhänger der Voodoo-Religion auf der Karibikinsel Haiti – und als Gegenstück nicht-religiöse Einwohner von New York. Und die Buchautoren schreiben: »In Haiti *ist* man von Dämonen besessen, in New York *ist* man neurotisch.« Sprich: Für die Anhänger der Voodoo-Religion in Haiti sind Dämonen Realität. Und sie haben auch Methoden, um Menschen zu helfen, von denen es heißt, dass sie von Dämonen besessen sind. Womit auf Haiti niemand etwas anfangen könnte, wäre eine Psychotherapie, wie sie in New York oder auch in Berlin üblich ist. In New York oder Berlin hingegen könnten Menschen, deren Probleme unter den Begriff »Neurose« oder »Psychose« gepackt werden, wahrscheinlich nicht viel damit anfangen, wenn ihnen jemand mit Voodoo-Beschwörungsformeln helfen wollte.

Die Wirklichkeit ist deshalb nach Ansicht der Forscher Berger und Luckmann nichts anderes als eine »soziale Konstruktion«. Das klingt ein bisschen wissenschaftlich-sperrig. Aber es lohnt sich, mal darüber nachzudenken, was das bedeutet. Die Wirklichkeit wird ständig neu konstruiert. Von der Gesellschaft. Von uns.

Kapitel Zwanzig

Die Macht der Alten.

Warum die Jugend von heute doppelt gekniffen ist. Und was das mit den Alten zu tun hat.

Regeln, Rollen, Normen, soziale Systeme, Gesetze – sie alle haben dich also im Griff, liebe Leserin und lieber Leser. Es kommt aber noch schlimmer. Die, die Regeln und Normen infrage stellen könnten, werden immer weniger. Gemeint ist: *die Jugend.* Das ist nicht nur für die Jugend selbst ein Problem. Sondern für die gesamte Gesellschaft. Warum?

Darum: Stellen wir erst einmal die Behauptung auf, dass es Kinder, Jugendliche, geistig junge Leute sind, die die gängigen Regeln immer mal wieder hinterfragen. Stellen wir weiterhin die Behauptung auf, dass das schon immer so war, solange es Menschen gibt. Es ist ja kein Zufall, dass es jemand weit unter der Schwelle der Volljährigkeit ist, der im Märchen von »Des Kaisers neue Kleider« die *eine* kluge Frage stellt. Die erwachsenen Normbewahrer hatten sich auf einen gigantischen Stuss geeinigt von Kleidern, die so fein gewebt sein sollten, dass nur Dumme sie nicht sehen konnten. Diese Übereinkunft, diese gesellschaftliche Norm lässt in jenem hübschen Märchen wer auffliegen? Ein unmündiges Kind.

Und stellen wir außerdem eine weitere Behauptung auf: Normen und Regeln zu hinterfragen, ist ganz gut. Wenn nichts hinterfragt wird, versinkt die Welt entweder im Wahnsinn oder im Spießertum. Oder in beidem. Im spießigen Irrsinn.

Wenn wir nach allen diesen Behauptungen dann einen Blick in die Vergangenheit werfen, stellen wir fest: Lange Zeit waren jüngere Leute in der Mehrheit. Die 16- oder 20-Jährigen vergangener Jahrhunderte und Jahrtausende hatten auch damals schon nicht den Besitz und die Macht, über die die Alten verfügten. Aber sie waren ihnen wenigstens zahlenmäßig überlegen. Noch im Jahr 1980 gab es rund zehn Millionen 14- bis 20-Jährige in Deutschland – aber nur etwa halb so viele 64- bis 70-Jährige. Das hieß auch: Was zunächst nur *Jugendkultur* war, wurde bald schon allgemeine Kultur.

Denn die Jungen und die Fast-noch-Jungen waren die Mehrheit. Was jugendliches Lebensgefühl war, strahlte bald schon auf die gesamte Gesellschaft aus. Popmusik, Jeanstragen, Frisuren, die nicht aussehen wie bei Opa – was anfangs Minderheitenkultur war, wurde ziemlich bald Mehrheitskultur. Und es waren bislang stets die Jüngeren, die dafür gesorgt haben, dass sich die Spielregeln der Gesellschaft ändern. Es waren in den 1960er- und 1970er-Jahren ja nicht die *alten* Frauen, die es erkämpft haben, dass die alten Männer endlich gleiche politische Rechte für beide Geschlechter zugestanden haben. Das haben die (damals) *jungen* Frauen erledigt.

Frauenrechte, Schwulenrechte, Bürgerrechte, Frieden, Antifaschismus, Umwelt, Freiheit im Netz – sicher sind bei solchen Themen auch eine Menge Ältere mit unterwegs. Aber den Anstoß geben Junge.

Noch in den 1980er-Jahren waren die Jungen also in der Mehrheit. Dreißig Jahre später, im Jahr 2010, hat sich die Zahl der 14- bis 20-Jährigen halbiert. Denn die Mütter von heute bringen schon lange nicht mehr so viele Kinder auf die Welt wie ihre Mütter oder Großmütter. Nicht gesunken ist die Zahl der Alten. Die ist rasant gestiegen. Von denen gibt es inzwischen mehr als Junge.

Das wirft nicht nur die Frage auf: »Wer soll künftig noch Renten bezahlen?«, über die in der Politik ständig debattiert wird. Es stellt sich auch die Frage: »Wie lässt sich verhindern, dass das Land verspießert?« Die Alten, Mittelalten, Nochnichtganzsoalten-abernichtmehrjungen erdrücken die Jungen mit ihrer schieren Zahl. Früher hieß es: »Trau keinem über 30.« Heute müsste es heißen: »Wenn acht von zehn Leuten über 30 sind, kann man es sich da wirklich leisten, all denen nicht zu trauen?« Zumal eines klar ist: Die Alten haben das Geld. Sie machen die Gesetze. Sie bestimmen, wie man sich verhält. Sie haben die Macht.

Es kommt aber *noch* schlimmer. Die Alten bestimmen auch – oder sie versuchen es zumindest –, was witzig ist (Oliver Pocher hat seinen dreißigsten Geburtstag lange hinter sich, Mario Barths vierzigster Geburtstag fällt aufs Jahr 2012, Harald Schmidt hat bereits im Jahr 2007 seinen fünfzigsten gefeiert). Die Alten bestimmen, was als cool gilt (Dieter Bohlen hat seinen dreißigsten Geburtstag schon im Jahr 1984 gefeiert, auf das Jahr 2014 fällt also sein sechzigster). Sie bestimmen, was als sexy gilt (Heidi Klums vierzigster Geburtstag fällt aufs Jahr 2013).

Es kommt aber *noch viel* schlimmer. Die Alten zeigen den Jungen nicht nur, was eine Norm ist. Sie zeigen gleich auch noch, wie man dagegen verstößt. Oder in den Worten der Musiker von

Kraftklub: »*Unsere Eltern kiffen mehr als wir. Wie soll man rebellieren? Egal wo wir hinkommen, unsere Eltern waren schon eher hier.*«

Kein Zweifel also: Die Jungen stecken in der Falle.

Und wie kommen sie aus der heraus?

Tja. Soll darauf wirklich jemand eine Antwort geben, der im Jahr 1967 geboren ist?

Aber dieser im Jahr 1967 Geborene will sich ja auch nicht komplett darum herumstehlen.

Hier also eine Antwort auf die Frage nach dem Weg aus der Falle. Dieser Weg könnte ja damit anfangen, dass du, liebe Leserin, und lieber Leser, dich fragst:

Was mache ich hier eigentlich?

Warum mache ich das, was ich mache?

Warum rasiere ich mir die Achseln (oder auch andere Regionen meines Körpers)?

Hat nicht vielleicht der Autor Max Goldt recht, wenn er feststellt, »*dass ›sexy‹ schon seit Langem das neue ›spießig‹ ist*«?

Was ist wichtig?

Was ist gut für mich?

Was ist gut für alle?

Warum drehe ich nicht durch?

Warum bin ich normal?

Sollte ich ab und zu mal rote Kontaktlinsen tragen?

Und warum frage ich: »Warum«?

Wenn du dir solche Fragen mal durch den Kopf gehen lässt, dann schaffen vielleicht irgendwann nicht mehr die andern dich.

Sondern du schaffst dich selbst. Und schaffst die andern.

Das muss als Antwort genügen.

Register

Zum Schluss zwei Bemerkungen zum Umgang mit Quellen

Erstens: Alle Stellen, in denen Gespräche mit Menschen geschildert werden, gehen auf tatsächlich geführte Gespräche zurück – die allerdings mit einer gewissen Freiheit wiedergegeben sind. Es ging um den Inhalt, nicht um den Wortlaut der Gespräche. Daher sind auch die Namen, z. B. der Teilnehmer am Frankfurter Occupy-Camp, geändert.

Zweitens: Ich habe mich von den Gedanken einer ganzen Reihe anderer Buchautoren anregen lassen. Ich habe mich dabei redlich bemüht, nicht gegen die Norm des Plagiat-Verbots zu verstoßen. Die entsprechenden Bücher finden sich in der nachstehenden Literaturliste.

Baur, Veronika: Kleiderordnungen in Bayern vom 14. bis zum 19. Jahrhundert. München: Schön 1973.

Berger, Peter L.; Luckmann, Thomas: Die Gesellschaftliche Konstruktion der Wirklichkeit. Eine Theorie der Wissenssoziologie. Frankfurt am Main: Fischer 1989.

Dahlmann, Dittmar; Kotowski, Albert; Karpus, Zbigniew (Hg.):

Schimanski, Kuzorra und andere – Polnische Einwanderer im Ruhrgebiet zwischen der Reichsgründung und dem Zweiten Weltkrieg. Essen: Klartext 2005.

Eilers, Wilhelm: Codex Hammurabi. Die Gesetzesstele Hammurabis. Wiesbaden: Marix 2009.

Freud, Sigmund: Totem und Tabu. Leipzig: Heller 1913.

Gehlen, Dirk von: Mashup. Lob der Kopie. Frankfurt: Suhrkamp 2011.

Grau, Günter (Hrsg.): Homosexualität in der NS-Zeit. Dokumente einer Diskriminierung und Verfolgung. Frankfurt: Fischer 1993.

Grossman, Dave: On Killing. The psychological cost of learning to kill in war and society. New York: Little, Brown and Co. 2009.

Harris, Marvin: Wohlgeschmack und Widerwillen. Die Rätsel der Nahrungstabus. Stuttgart: Klett-Cotta [4]2005.

Heidenreich, Felix: Theorien der Gerechtigkeit. Eine Einführung. Opladen: Budrich 2011.

Henecka, Hans Peter: Grundkurs Soziologie. Konstanz: UVK [9]2009.

Holenstein, André (Hrsg.): Zweite Haut – Zur Kulturgeschichte der Kleidung. Bern: Haupt 2010.

Hüther, Gerald: »Die Strukturierung des menschlichen Gehirns durch Erziehung und Sozialisation« in: Neider, Andreas (Hg.): Wer strukturiert das menschliche Gehirn? Fragen der Hirnforschung an das Selbstverständnis des Menschen. Stuttgart: Verlag Freies Geistesleben 2006.

Kant, Immanuel: Kritik der practischen Vernunft. Erlangen: Fischer 1984.

Kim, Seong-Jae: Mode und Gegenmode. Sozialwissenschaftliche

Ansätze zu einer Kommunikationstheorie der Öffentlichkeit. Frankfurt am Main: Peter Lang 1993.

Kneer, Georg; Nassehi, Armin: Niklas Luhmanns Theorie sozialer Systeme. München: Fink 2000.

König, Alexandra: Kleider schaffen Ordnung. Regeln und Mythen jugendlicher Selbst-Präsentation. Konstanz: UVK 2007.

Luhmann, Niklas: Gibt es in unserer Gesellschaft noch unverzichtbare Normen? (Vortrag 1991, DVD)

Luhmann, Niklas: Soziale Systeme. Frankfurt am Main: Suhrkamp 1996.

Neitzel, Sönke; Welzer, Harald: Soldaten. Protokolle vom Kämpfen, Töten und Sterben. Frankfurt am Main: S. Fischer 2011.

Nida-Rümelin, Julian: Über menschliche Freiheit. Stuttgart: Reclam 2005.

Popitz, Heinrich: Die normative Konstruktion von Gesellschaft. Tübingen: Mohr 1980.

Prinz, Wolfgang: »Der Mensch ist nicht frei – Ein Gespräch« In: Geyer, Christian (Hg.): Hirnforschung und Willensfreiheit. Zur Deutung der neuesten Experimente. Frankfurt am Main: Suhrkamp 2004.

Rawls, John: Eine Theorie der Gerechtigkeit. Frankfurt: Suhrkamp 1979.

Rich Harris, Judith: Jeder ist anders. Frankfurt am Main: Deutsche Verlags Anstalt 2007.

Roth, Gerhard: Fühlen, Denken, Handeln. Wie das Gehirn unser Verhalten steuert. Frankfurt am Main: Suhrkamp 2003.

Schmidt, Doris: Die Mode der Gesellschaft – Eine systemtheoretische Analyse. Hohengehren: Schneider 2007.

Schwabe, Christian: Politische Theorie. (2 Bände) Paderborn: UTB ²2010.

Singer, Wolf: »Verschaltungen legen uns fest: Wir sollten aufhören, von Freiheit zu sprechen.« In: Geyer, Christian (Hg.): Hirnforschung und Willensfreiheit. Zur Deutung der neuesten Experimente. Frankfurt am Main: Suhrkamp 2004.

Sulkunen, Irma; Nevala-Nurmi, Seija-Leena; Markkola, Pirjo (Hg.), Suffrage, Gender and Citizenship. International Perspectives on Parliamentary Reforms. Newcastle upon Tyne: Cambridge Scholars Publishing 2009.

Vanzella, Luca: Cosplay Culture. Fenomenologia dei costume players italiani. Latina: Tunue 2005.

Veith, Hermann: Sozialisation. München: Reinhardt 2008.

Bedanken möchte ich mich bei ...

… den Cosplayerinnen, die mir bei der Frankfurter Buchmesse etwas über ihre ganz besondere Freizeitbeschäftigung erklärt haben;

… Herrn Johannes Schmidt-Wellenburg und den Schülerinnen und Schülern des Werner-Heißenberg-Gymnasiums in Garching für ihre Anregungen zu diesem Buch;

… Dieter Adler für prüfende Blicke über bestimmte Passagen;

… Jürgen Andrich für den Platz auf seinem Balkon;

… Ina Krauss fürs Zurverfügungstellen umfangreicher Interviewmaterialien;

… Wolfram Schrag für eine wertvolle Anregung;

… und Uwe-Michael Gutzschhahn für alles, was er für diesen Text getan hat.

Nikolaus Nützel
Sprache oder
Was den Mensch zum Menschen macht

224 Seiten, ISBN 978-3-570-13027-8

Was wäre der Mensch ohne die Fähigkeit, seine Gedanken und
Wünsche in Worte zu fassen?
Gab es eine Ursprache wie im Turmbau zu Babel behauptet wird?
Ist Jugendsprache wirklich eine eigene Sprache?
Wie entziffert man Geheimschriften?
Und: Wie clever sind Sprachcomputer?
15 interessante Fragestellungen gehen dem Phänomen Sprache und
seiner großen Bedeutung für den Menschen humorvoll auf den Grund.

www.cbj-verlag.de